Mit Tradition in die Zukunft

Die Deutsche Bibliothek – CIP-Einheitsaufnahme

Günter Beaugrand
Mit Tradition in die Zukunft
1908-2008
100 Jahre Anwaltssozietät
Dr. Eick & Partner

Titelbild:
Ausschnitt aus dem Wandbild „Justitia" von Dusan Jovanovic
Ostenallee 137, 59071 Hamm

Copyright 2008 by
Sozietät Dr. Eick & Partner
Schützenstraße 10, 59071 Hamm
Telefon: 0 23 81 / 98 83, Telefax: 0 23 81 / 88 97 10
http://www.dr-eick.de, E-Mail: hamm@dr-eick.de

Alle Rechte vorbehalten.

Gesamtherstellung und Verlag: Gebrüder Wilke GmbH
Caldenhofer Weg 118, 59063 Hamm, Telefon 0 23 81 / 9 25 22-0

ISBN 978-3-931283-61-2

Günter Beaugrand

Mit Tradition in die Zukunft

1908-2008
100 Jahre Anwaltssozietät
Dr. Eick & Partner

Herausgeber:
Sozietät Dr. Eick & Partner
Schützenstraße 10, 59071 Hamm

Der Gründer

Rechtsanwalt Dr. August Eick (geb. am 8. September 1880 in Dortmund, gestorben am 17. Dezember 1958 in Hamm) eröffnete am 7. Oktober 1908 in der Hammer Brückenstraße 9 seine Kanzlei, aus der sich im Laufe der Jahre und Jahrzehnte die Sozietät Dr. Eick & Partner entwickelte.

Foto: Heinz Feußner

Inhalt

Einführung
Prof. Dr. Karl Otto Bergmann 7

Das Team
„Sozietät Dr. Eick & Partner" 2008 9

Der Weg durch die Jahrzehnte
Kurze Chronik der „Sozietät Dr. Eick & Partner" 13

Die „Sozietät Dr. Eick & Partner"
in ihrem juristischen und gesellschaftlichen Umfeld
Interview mit Prof. Dr. Karl Otto Bergmann 19

Die Marker Dorfkirche St. Pankratius
im Blick des Künstlers Dusan Jovanovic 35

Ein Anwaltsleben im Wandel der Jahrzehnte
Erinnerungen an die Entwicklung der Sozietät
nach den Aufzeichnungen von Dr. Ernst Eick 37

Zwischen Kanzlei und OLG
Bemerkenswertes und Anekdotisches
aus den Erinnerungen von Dr. Ernst Eick 49

Von der „Adler" zur Digitaltechnik
Die Entwicklung der Bürotechnik in der Sozietät,
erlebt in fast fünf Jahrzehnten von Gisela Wulf 51

Das Oberlandesgericht Hamm:
Bezugspunkt und Arbeitszentrum
der Kanzlei Dr. Eick
Streifzug durch die Geschichte und Entwicklung der
„Justizstadt Hamm" 57

Von Wolffersdorff:
Strenger Offizier und ideenreicher Stadtherr
Das „Mutterhaus" der Sozietät steht
an der von dem preußischen Generalleutnant
angelegten Ostenallee. 67

Die „Sozietät Dr. Eick & Partner":
Seit Jahrzehnten kompetent auf vielen Fachgebieten
Interview mit Prof. Dr. Karl Otto Bergmann 79

Faust auf Eick
Ein literar-historischer Rück- und Ausblick auf die
Geschichte der Sozietät – von Rechtsanwalt Hermann Schumacher . . . 91

Streiflichter und Begegnungen aus dem Leben
der Sozietät
Aufgespießt von Rechtsanwalt Hermann Schumacher. 115

Von der Sozietät Dr. Eick zum Anwalt
beim Bundesgerichtshof
Rechtsanwalt Dr. Siegfried Mennemeyer:
Wechselseitige Achtung und Anerkennung prägen
die Zusammenarbeit in vielen Jahren 123

Alles begann im Frühjahr 1990 ...
Rechtsanwalt Uwe Human erlebt den Start
der Sozietät in den neuen Bundesländern. 127

Von Hamm bis München
Die Standorte der Sozietät in den alten und
neuen Bundesländern 133

Publikationen. 159

Einführung

Die Anwaltssozietät Dr. Eick und Partner besteht im Jahr 2008 hundert Jahre. Sie gehört damit zu den traditionsreichsten Kanzleien in Deutschland. Der Anlass dieses Jubiläums berechtigt uns sicherlich dazu, den Weg der Kanzlei von der Gründung im Jahr 1908 bis in die Gegenwart zurückzuverfolgen und die Stationen ihrer Entwicklung im Wandel der Jahrzehnte nachzuzeichnen. Zugleich möchten wir versuchen, die gesellschaftlichen und juristischen Bedingungen, unter denen die von Dr. August Eick gegründete und von seinem Sohn Dr. Ernst Eick weitergeführte Kanzlei ihre Aufgaben wahrnahm, in den Blick zu rücken und auch die Zukunftsperspektiven unserer anwaltlichen Tätigkeit in der Sozietät mit einzubeziehen.

Für den Blick zurück konnten wir auf die Erinnerungen des 1994 verstorbenen Seniorpartners Dr. Ernst Eick und auf die Chronik des Oberlandesgerichtes Hamm zurückgreifen, das für die „Sozietät Dr. Eick & Partner" lange Jahre wichtigster Bezugspunkt ihrer Arbeit war. Es erschien uns angemessen zu sein, auch einige Beiträge über die Geschichte der „Juristenstadt" Hamm wiederzugeben.

Für die Gestaltung der Festschrift zum hundertjährigen Bestehen der Sozietät gewannen wir den als Autor zahlreicher Bücher bekannten, besonders mit der Geschichte Westfalens und der Stadt Hamm vertrauten Publizisten Günter Beaugrand. Seine Recherchen über den Weg der Kanzlei Dr. Eick erwiesen sich als besonders schwierig, da das hauseigene Archiv große Lücken aufwies und das Stadtarchiv sowie das Archiv der Rechtsanwaltskammer Hamm im Zweiten Weltkrieg zerstört wurden.

Wir hoffen, dass wir allen, die mit der „Sozietät Dr. Eick & Partner" auf verschiedenen Ebenen und Gebieten verbunden und an ihrem Weg durch die Zeit von 1908 bis 2008 interessiert sind, mit dem Buch „Mit Tradition in die Zukunft" nicht nur eine informative, sondern auch – soweit thematisch möglich – unterhaltsame Lektüre bieten können. Besonders aber würde es uns freuen, wenn diese Chronik zugleich als Dank für alle angesehen wird, die in qualifizierter gemeinsamer Arbeit zum Erfolg der Sozietät beigetragen haben. Die „Sozietät Dr. Eick & Partner" wird sich auch in Zukunft darum bemühen, in bewährter Form als Sachwalter des Rechts die Tradition fortzusetzen und ihre Erfahrungen auf vielen juristischen Fachgebieten einzubringen.

Prof. Dr. Karl Otto Bergmann   *Hamm, im August 2008*

Ein Wort des Dankes

Als Prof. Dr. Karl Otto Bergmann mit der Frage an mich herantrat, ob ich daran interessiert sei, die Festschrift zum 100-jährigen Bestehen der „Sozietät Dr. Eick & Partner" zu gestalten, war ich zunächst irritiert. Denn als Journalist und Publizist hatte ich mich zwar schon mit vielen Themen beschäftigt, doch das Gebiet der Justiz und die Aufgabengebiete von Fachanwälten für das Haftungsrecht waren mir bisher fremd geblieben. Gespräche mit Herrn Professor Bergmann, die Lektüre einiger seiner Bücher und weitere historisch-juristische Studien führten mich in die Materie ein, sodass ich mich auf das Wagnis einließ.

Ich hoffe nun, dass ich die Geschichte der Sozietät und ihr Umfeld in der „Justizstadt Hamm" sachgerecht und lesbar darstellen konnte. Für die vertrauensvolle und engagierte Begleitung bei der Gestaltung des Buches durch Herrn Professor Bergmann möchte ich mich sehr herzlich bedanken, vor allem auch für die Beiträge der Partner in den verschiedenen Standorten der Sozietät. Der Dank gilt zugleich Frau Christel Junkermann, die mit unendlicher Mühe die Chronik der Sozietät zusammenstellte und an der Korrektur mitwirkte. Dem Fotografen Heinz Feußner und dem Maler Dusan Jovanovic haben wir zahlreiche optisch wie künstlerisch hervorragende Glanzpunkte zu verdanken, in denen sich das Leben der Sozietät und ihre Sinngebung widerspiegeln.

Nicht zuletzt bin ich der Druckerei Gebrüder Wilke zu Dank verpflichtet, besonders Herrn Martin Florissen, der ideenreich und sachkundig die grafische Gestaltung des Buches entscheidend mitentwickelte.

Günter Beaugrand

Das Team
„Sozietät Dr. Eick & Partner"

Stand: August 2008

Hamm

Prof. Dr. Karl Otto Bergmann
Notar
Fachanwalt für Versicherungsrecht
Fachanwalt für Verwaltungsrecht

Hermann Schumacher
Fachanwalt für Bau- und Architektenrecht
Fachanwalt für Verwaltungsrecht

Dr. Martin Alberts LL.M.
Fachanwalt für Medizinrecht
Fachanwalt für Versicherungsrecht

Dr. Hubert Menken
Fachanwalt für Arbeitsrecht

Bodo Herz
Fachanwalt für Verkehrsrecht

Dr. Diethild Hüsing-Exner
Fachanwältin für Familienrecht

Jörn Quadflieg
Fachanwalt für Bau- und Architektenrecht
Fachanwalt für Verwaltungsrecht

Helga Arendt
Fachanwältin für Verkehrsrecht

Iris Karthaus
Fachanwältin für Medizinrecht

Volkhard Wittchen
Fachanwalt für Versicherungsrecht

Jens Schidlowski
Fachanwalt für Verkehrsrecht

Dr. Dagmar Keysers
Fachanwältin für Arbeitsrecht

Dr. Christoph Hugemann LL.M.
Fachanwalt für Versicherungsrecht

Dr. Thomas Pfeiffer
Fachanwalt für Bau- und Architektenrecht

Dr. Kaja Mihm
Fachanwältin für Arbeitsrecht

Dr. Carolin Wever

Christoph Koch

Anke Vierling

Dr. Siegfried Mennemeyer (– 2007), Of Counsel

Bochum
Dr. Rainer Heß LL.M.
Fachanwalt für Verkehrsrecht
Fachanwalt für Versicherungsrecht

Dr. Alexander Fritze
Fachanwalt für Bau- und Architektenrecht

Michael Herkenhoff

Hermann Lemcke

Dirk Buller
Fachanwalt für Verkehrsrecht

Dr. Michael Nugel
Fachanwalt für Versicherungsrecht

Dirk Figgener

Edith Schwarzkopf

Kirsten Pattberg

Dresden
Uwe Human LL.M.
Fachanwalt für Versicherungsrecht

Sven Singer

Frank Mikulin

Ulrich Hundert

Claudia Sänger-Männel

Brandenburg
Uwe Böhrensen

Martin Michalcik
Fachanwalt für Medizinrecht

Isabel Uhlmann

Erfurt	**Dr. Michael Burmann** Fachanwalt für Verkehrsrecht Fachanwalt für Versicherungsrecht
	Markus J. Wolf Fachanwalt für Arbeitsrecht
	Dr. Gerald Schulte-Körne Fachanwalt für Verwaltungsrecht Fachanwalt für Bau- und Architektenrecht
	Isabell Knöpper Fachanwältin für Versicherungsrecht
	Dr. Friederike Quaisser Fachanwältin für Verkehrsrecht
	Christian Nielsen
	Dr. Werner Hartmann
	Andy Ziegenhardt Fachanwalt für Verkehrsrecht
	Claudia Glebe
Rostock	**Andrea Grossmann-Koch**
	Niels Lüdemann
Naumburg	**Andreas Herbig** Fachanwalt für Medizinrecht
	Cornelia Herbig
Schwerin	**Jörn Gaebell** Fachanwalt für Strafrecht
	Axel Pelzer Fachanwalt für Insolvenzrecht Dipl.-Kaufmann
	Sebastian Heine
	Ivonne Jarschke
München	**Dr. Marion Rath**
	Christiane Klein
	Ass. Dieter Bliesener, Of Counsel

Die „Justitia" als Symbol der Gerechtigkeit mit dem früheren Oberlandesgericht Hamm, heute Rathaus. Radierung von Dusan Jovanovic, dem wir auch die in dieser Festschrift wiedergegebenen Grafiken zu den Sozietäts-Standorten verdanken.

Der Weg durch die Jahrzehnte
Kurze Chronik der „Sozietät Dr. Eick & Partner"

7. Oktober 1908:
Gründung der Kanzlei in der Brückenstraße 9 durch Rechtsanwalt Dr. August Eick, geb. am 8. September 1880 in Dortmund, gest. am 17. Dezember 1958 in Hamm.

1914 - 1918:
Die Kanzlei ruht während des Ersten Weltkrieges.

November 1924:
Eintritt von Rechtsanwalt Dr. Paul Dähne, gefallen im Zweiten Weltkrieg. Früh bildet sich der Praxisschwerpunkt Haftungs- und Versicherungsrecht.

1932:
Umzug der Kanzlei in die Brückenstraße 19.

Herbst 1939:
Eintritt von Rechtsanwalt Dr. Ernst Eick, geb. am 28. August 1909, gest. am 17. August 1994.

1939 - 1945:
Während des Zweiten Weltkrieges kommt die Praxis zum Erliegen. Dr. Dähne und Dr. Ernst Eick werden bald nach Kriegsausbruch eingezogen, Dr. August Eick verlässt mit seiner Frau nach Bombenschäden Praxis und Haus.

Herbst 1945:
Der Praxisbetrieb wird in dem behelfsmäßig eingedeckten Haus Brückenstraße 19 wieder aufgenommen.

März 1948:
Eintritt von Rechtsanwalt Dr. Kurt Winkhaus, zunächst als juristischer Assessor, dann ab November 1949 als Rechtsanwalt und Sozius bis Ende 1951.

1952:
Eintritt von Dr. Friedrich Besselmann, der im Mai 1967 ausschied und eine eigene OLG-Praxis in Hamm eröffnete. Eine Männerfreundschaft zu Dr. Ernst Eick blieb bestehen.

Frühjahr 1957:
Eintritt von Assessor Kurt Wältken, der am 1. April 1959 seine Zulassung am OLG erhielt. Bis 1994 gehörte er der Kanzlei an, baute anschließend noch ab Januar 1995 die OLG-Kanzlei in Brandenburg mit auf und setzte ab März 1996 seine Anwaltstätigkeit in Hamm fort. Ende 2003 gab er aus Alters- und Gesundheitsgründen seine Zulassung als Rechtsanwalt zurück.

17. Dezember 1958:
Tod des Praxisgründers Dr. August Eick.

Frühjahr 1973:
Eintritt von Rechtsanwalt Dr. Karl Otto Bergmann, späterem Notar und Honorarprofessor in Münster: Aufbau der medizinrechtlichen Abteilung.

Frühjahr 1980:
Eintritt von Rechtsanwalt Hermann Schumacher, schon in den 80er-Jahren Spezialisierung auf das private und öffentliche Baurecht sowie das Staatshaftungsrecht, Fachanwalt für Verwaltungsrecht und Bau- und Architektenrecht.

Januar 1983:
Eintritt von Rechtsanwalt Dr. Siegfried Mennemeyer mit dem Schwerpunkt Arbeitsrecht, seit Juli 2007 Rechtsanwalt beim Bundesgerichtshof in Karlsruhe und beratender Of Counsel in Hamm.

September 1983:
Umzug der Sozietät in die Villa Schützenstraße 10.

Oktober 1984:
Eintritt von Rechtsanwalt Dr. Rainer Heß, Verkehrsrechtsspezialist, der ab März 2002 den Standort Bochum aufbaut.

Mai 1986:
Eintritt von Rechtsanwalt Uwe Human, der nach der Wende 1990 eng mit dem Kooperationspartner Heuse in Döbeln zusammenarbeitet und ab Februar 1992 den Standort Dresden, die erste Niederlassung der Sozietät in den neuen Bundesländern, aufbaut.

Dezember 1987:
Rechtsanwalt Dr. Karl Otto Bergmann, heute auch Fachanwalt für Verwaltungs- und Versicherungsrecht und Professor an der Universität Münster, wird zum Notar ernannt. Bis dahin wurde die Praxis immer ohne Notariat geführt.

Oktober 1988:
Eintritt von Rechtsanwalt Dr. Martin Alberts, LL.M. für Versicherungsrecht.

Januar 1990:
Eröffnung der Büros in der gegenüberliegenden ehemaligen Kinderarzt-Praxis Dr. Petzoldt auf der Ostenallee 137. Ankauf des im Bauhaus-Stil errichteten Gebäudes Ende 1994.

Frühjahr 1990:
Beginn der Kooperation mit Rechtsanwalt Volkmar Heuse in Döbeln.

Sommer 1990:
Erste Verfahren in den neuen Bundesländern im Auftrag des Kommunalen Schadenausgleichs Berlin, damals bis 1992 noch von der Interimsgeschäftsstelle in Köln aus.

Februar 1992:
Eröffnung der Kanzlei Dresden durch Rechtsanwalt Uwe Human unter Mitarbeit von Rechtsanwalt Dr. Erwin Niermann aus Minden. Letzterer wechselte später in die Niederlassung Brandenburg und starb am 6. Juni 2004.

17. August 1994:
Tod des Seniors Rechtsanwalt Dr. Ernst Eick.

Januar 1995:
Eröffnung der Kanzlei Brandenburg durch Rechtsanwalt Kurt Wält-

ken mit Unterstützung der Bürovorsteherin Dajana Misic. Sie kehrt im März 1996 nach Hamm zurück und leitet ab April 2002 das Büro der Kanzlei in Bochum.

Juli 1995:
Eröffnung der Kanzlei Erfurt durch Rechtsanwalt Dr. Michael Burmann, Spezialist für Verkehrsrecht.

Januar 1997:
Eröffnung der Kanzlei Rostock durch Rechtsanwältin Grossmann-Koch mit dem Schwerpunkt Baurecht.

Oktober 2000:
Eröffnung der Kanzlei Naumburg durch Rechtsanwalt Helmut Hartwig Heuer und Andreas Herbig.

2001:
Dr. Michael Burmann wird Präsident der Rechtsanwaltskammer Thüringen.

April 2002:
Eröffnung der Kanzlei Bochum durch Rechtsanwalt Dr. Rainer Heß, unter Mitarbeit von Rechtsanwältin Helga Arendt, Dr. Alexander Fritze und Dr. Christoph Hugemann.

Juni 2002:
Eröffnung der Kanzlei Schwerin.

2002:
Uwe Böhrensen wird Präsident des Brandenburgischen Anwaltsgerichtshofs.

Seit 2002:
Stürmisches Wachstum der Kanzlei in den Standorten:

<u>Hamm</u>
mit den Anwälten/Anwältinnen Dr. Thomas Pfeiffer, Dr. Katja Mihm, Dr. Carolin Wever, Christoph Koch, Anke Vierling;

Bochum
mit den Anwälten/Anwältinnen Dirk Buller, Dirk Figgener, Dr. Michael Nugel, Edith Schwarzkopf, Kirsten Padberg;
Brandenburg
Isabel Uhlmann;

Dresden
mit den Anwälten/Anwältinnen Ulrich Hundert, Frank Mikulin, Claudia Sänger-Männel;

Erfurt
mit den Anwälten/Anwältinnen Markus J. Wolf, Isabell Knöpper, Dr. Friederike Quaisser, Andy Ziegenhardt, Claudia Glebe, Christian Nielsen;

Schwerin
mit den Anwälten/Anwältinnen Jörn Gaebell, Axel Pelzer, Sebastian Heine, Ivonne Jarschke;

München
mit den Anwältinnen Dr. Marion Rath und Christiane Klein, Assessor Dieter Bliesener, Of Counsel.

18. Oktober 2005:
Rechtsanwalt Dr. Karl Otto Bergmann wird zum Honorarprofessor an der Medizinischen Fakultät der Westfälischen Wilhelms-Universität Münster ernannt.

Juli 2007:
Rechtsanwalt Dr. Siegfried Mennemeyer wird Rechtsanwalt beim Bundesgerichtshof in Karlsruhe.

Juli 2007:
Eröffnung der Kanzlei München mit Rechtsanwältin Dr. Marion Rath.

*Die phantasievolle kinetische Stahlplastik des Künstlers Dusan Jovanovic steht im Garten der zum Stammhaus der „Sozietät Dr. Eick & Partner" gehörenden Petzoldt-Villa in der Ostenallee 137.
Foto: Heinz Feußner*

Die „Sozietät Dr. Eick & Partner" in ihrem juristischen und gesellschaftlichen Umfeld

Interview mit Prof. Dr. Karl Otto Bergmann

Frage:

Ihre „Sozietät bürgerlichen Rechts", wie sie offiziell heißt, kann im Oktober 2008 auf ihr hundertjähriges Bestehen zurückblicken. Sie ist heute die größte und älteste Anwaltssozietät in der Justizstadt Hamm und eine der größten und ältesten darüber hinaus in Deutschland. Worauf führen Sie diese erstaunliche Entwicklung der 1908 von Dr. August Eick gegründeten Rechtsanwaltskanzlei zurück, dessen Namen Sie bis heute im Namen Ihrer Sozietät weiterführen?

Prof. Dr. Bergmann:

Dass unsere Sozietät die größte und auch älteste bestehende Anwaltssozietät in Hamm ist, war in Anbetracht der Tatsache, dass Dr. August Eick die Praxis als Singularpraxis gegründet hat, nicht vorauszusehen. Die erstaunliche überregionale Entwicklung ist, worauf wir natürlich stolz sind, auf das besondere Engagement der Sozien zurückzuführen. Sie ist aber auch das Ergebnis der Wiedervereinigung Deutschlands im Jahr 1990. Sie ermöglichte es, die Vertretung der Gemeinden in den neuen Bundesländern umfassend zu übernehmen. Die bekannte kommunalhaftungsrechtliche und medizinhaftungsrechtliche Kompetenz der Sozietät war wesentlich, die verkehrsrechtliche und arbeits- und baurechtliche Kompetenz ein Pendant.

Frage:

In Ihrer Sozietät sind gegenwärtig in Hamm und in acht weiteren Standorten in Deutschland, vor allem in den neuen Bundesländern, nahezu sechzig Rechtsanwälte tätig, die ein breites Spektrum auf vielen Rechtsgebieten wahrnehmen und sich u. a. als anwaltliche Partner des privaten und öffentlichen Baurechts, der Schadenhaftpflicht, des Versicherungsrechts, des Kommunal- und Staatshaftungsrechts verstehen. Wie kam es zu dieser Ausweitung der ursprünglichen Kanzlei und ihre Spezialisierung auf den erwähnten Rechtsgebieten?

Prof. Dr. Bergmann:

Im Laufe der Jahrzehnte konnten neben den Fachgebieten Versicherungsrecht, Verkehrsrecht, Medizinrecht, Arbeitsrecht und Verwaltungsrecht noch weitere Schwerpunkte gebildet werden, und zwar Bau- und Architektenrecht, Vergaberecht, Kommunalberatung, Presserecht. Zu dieser Ausweitung und Spezialisierung kam es, weil sich schon aufgrund der Größe der Sozietät als Singularsozietät Teilrechtsgebiete mit Spezialisten bilden konnten, aber die führenden Sozien der Auffassung waren, nach dem voraussehbaren Ende der Singularzulassung bleibe der Fortbestand der Sozietät nur gesichert, wenn die Schwerpunkte noch verstärkt würden.

Keine „Gegner des Normalbürgers"

Frage:

Ihre Sozietät sprengt den Rahmen der „normalen" Rechtsanwaltskanzleien. Sie befasst sich, wie aus Ihrem Programm erkennbar ist, nicht mit Diebstahl und Raub, nicht mit Mord und Totschlag, nicht mit Betrugs- und Unterschlagungsfällen, sondern hat eine völlig andere Dimension. Ihre Partner sind die Kommunen, die Städte und Gemeinden, aber auch Versicherungen, Krankenhäuser, Arztpraxen, große Firmen – also praktisch, so könnte man meinen, die Gegner des Normalbürgers, der sich im Schadensfall sein Recht sucht und um eine Entschädigung für die ihm zugestoßenen Schäden ringt? Stimmt das oder ist diese Auffassung nur als Vorurteil anzusehen?

Prof. Dr. Bergmann:

In der Tat beschäftigt sich die Sozietät Eick nicht mit den von Ihnen genannten Straftaten. Das weite Gebiet der Strafverteidigungen haben wir anderen Sozietäten überlassen. Falsch wäre allerdings der Eindruck, wir wären „Gegner des Normalbürgers", der um sein Entschädigungsrecht ringt. Zum einen vertreten wir in bestimmten Rechtsgebieten, wie dem Arbeitsrecht und anderen Bereichen des Zivilrechts, den sogenannten Normalbürger, zum anderen ist es Aufgabe des Versicherers, berechtigte Ansprüche des Versicherungsnehmers oder des Geschädigten zu regulieren, unberechtigte Ansprüche jedoch abzuwehren.

Frage:

Wenn man sich vorstellt, dass etwa, um nur ein Beispiel zu nennen, ein durch Fehlbehandlung im Krankenhaus geschädigter Patient sein Recht auf Entschädigung durchsetzen will – hat er angesichts der durch kundige Juristen, vielleicht durch Ihre Sozietät, vertretenen Gegner überhaupt die Chance, seine Ansprüche durchzusetzen?

Prof. Dr. Bergmann:

Zu Ihrer Frage möchte ich feststellen, dass zum Einen in der Regel auch der Geschädigte anwaltlich und zum Teil hervorragend vor Gericht vertreten wird. Zum Zweiten ist es Aufgabe des Gerichts, in Ausübung des richterlichen Frage- und Fürsorgerechtes etwaige Lücken im Vorbringen einer Partei zu ergänzen. Richtig ist natürlich, dass es unsere Aufgabe als Haftungsspezialisten ist, unsere Partei optimal zu vertreten.

Frage:

Könnten Sie vielleicht die Orientierungslinie Ihrer Sozietät umreißen und Ihr Leitmotiv bei der Suche nach Gerechtigkeit im Sinne der „Justitia", der Gerechtigkeit, darlegen? Wo liegt etwa im Haftungs- und Schadensersatzrecht die Messlatte für den Ausgleich der eingetretenen Schadensfälle?

Prof. Dr. Bergmann:

Bei unserer Arbeit steht das Streben nach Gerechtigkeit als Leitbild der Justitia im Mittelpunkt unserer Bemühungen. Es ist nicht unsere Aufgabe, berechtigte Ansprüche von Geschädigten zu vernichten. Unsere Aufgabe ist es, unberechtigte Ansprüche abzuwehren und das Streben des Gerichts nach einem gerechten Ausgleich zu unterstützen.

Geachtete Bürger in der „Juristenstadt" Hamm

Frage:

Blickt man zurück in die Geschichte Ihrer Sozietät in Hamm, dann stand am Anfang in der Zeit Ihres Gründers, Dr. August Eick, eine äußerst spartanische Lebenshaltung, eine überaus korrekte, mühsame tägliche juristische Kleinarbeit am doppelseitigen Stehpult im Vorder-

grund. Die anfangs relativ wenigen Juristen in Hamm stellten früher eine recht kleine, aber feine Oberschicht dar. Sie übten nicht nur ihren Beruf in Hamm aus, sondern spielten eine maßgebende Rolle im gesellschaftlichen und kulturellen Leben der Stadt. Hat sich das inzwischen, im Jahr 2008, geändert?

Prof. Dr. Bergmann:

Sie haben Recht, aus den Lebenserinnerungen unseres Seniors Dr. Ernst Eick ergibt sich, dass sein Vater Dr. August Eick, aber auch er selbst eine einfache Lebensführung schätzten. Dies änderte nichts daran, dass die Anwaltschaft und die Richter des OLG seit jeher geachtet und anerkannt waren und auch eine maßgebliche Rolle im gesellschaftlichen und kulturellen Leben der Stadt innehatten. So wurde beispielsweise der Museumsverein über Jahrzehnte von Juristen geleitet, eine Zeitlang auch von mir. Heute hat sich das Bild etwas geändert. Nur noch relativ wenige Anwälte und Richter wohnen in Hamm, und die Anwälte sind inzwischen bundesweit tätig, sodass sich auch das gesellschaftliche Leben nicht mehr in dem begrenzten Bereich der Stadt Hamm abspielt.

Frage:

Die Zahl der Rechtsanwälte hat sich inzwischen explosionsartig vermehrt, sodass im Oberlandesgerichtsbezirk Hamm etwa 11.000 Juristen zugelassen sind, die sich in der Rechtsanwaltskammer Hamm zusammengeschlossen haben. Wodurch lässt sich diese Zunahme erklären? Haben die Straftaten und Rechtsbrüche so vehement zugenommen? Hat sich das Rechtsbewusstsein der Bürgerinnen und Bürger so enorm erhöht? Oder hat vielleicht die Rechtsschutzversicherung diese Entwicklung ausgelöst?

Prof. Dr. Bergmann:

Es bereitet mir Sorge, dass die Anwaltschaft sich inzwischen zahlenmäßig so vermehrt hat, dass ein Teil der Rechtsanwälte kein geordnetes Einkommen oder auch Auskommen mehr hat. Die Zunahme der Rechtsanwälte lässt sich dadurch erklären, dass zu viele Studenten das Jurastudium ergriffen haben und ein Ausweichen der ausgebildeten Juristen in den Staatsdienst heute nicht mehr möglich ist. Nicht die Straftaten und die Rechtsbrüche haben so vehement zugenommen,

Der Hammer Künstler Dusan Jovanovic schuf die Statue der „Justitia", Symbol der Gerechtigkeit, platziert im Foyer der Kanzlei in der Schützenstraße 10. Foto: Heinz Feußner

vielmehr hat sich die Zahl der Anwälte vergrößert. Unabhängig davon hat das Rechtsbewusstsein der Bürgerinnen und Bürger, das Sie in Ihrer Frage ansprechen, zugenommen, aber auch das Anspruchsdenken. Insbesondere im Arzthaftungsrecht ist eine Tendenz feststellbar, dass der Patient den Arzt nicht mehr als „Herrgott in Weiß", sondern als Dienstleister versteht, bei dem Fehler oder auch behauptete Fehler zu Ansprüchen führen können. Die Medien, das Internet sowie die Patientenverbände usw. haben das Ihre dazugetan. Die Zahl der Arzthaftungssachen ist auf etwa 30.000 im Jahr angestiegen. Wir haben aber keineswegs amerikanische Verhältnisse. Nach meiner Einschätzung bewegt sich dies durchaus im Rahmen der Erwartungen unserer heutigen Zeit. Es lässt sich auch nicht feststellen, dass das Bestehen von Rechtsschutzversicherungen zu vermehrten Klagen geführt hat. Sie erleichtern den Bürgern die Durchsetzung ihrer Ansprüche. Untersuchungen haben aber nicht ergeben, dass hierdurch die Klagefreudigkeit gefördert wird.

Von der Kanzlei zur Sozietät

Frage:

Wenn man sich umsieht, gibt es kaum noch Kanzleien von einzelnen Rechtsanwälten, sondern nur noch Sozietäten mit einer immer größer werdenden Zahl von Partnern. War diese Veränderung unausweichlich? Wie lässt sich eine so große Sozietät wie die Ihre, Herr Professor Bergmann, organisieren?

Prof. Dr. Bergmann:

Die Entstehung von Sozietäten anstelle von Einzelpraxen war unausweichlich. Erst sie ermöglichte die notwendige Spezialisierung der Juristen, ebenso wie das Angebot an den einzelnen Mandanten, ihn umfassend vertreten zu können. Die Größe der Kanzlei schafft sicherlich Schwierigkeiten bei der Koordinierung und dem Management. Bisher ist es uns in unserer Sozietät immer noch gelungen, in freundschaftlichem Einvernehmen die persönlichen, aber auch finanziellen Interessen der einzelnen Partner zu regeln und einen gerechten Ausgleich zu schaffen.

Frage:

Wie steht es heute mit der Ausbildung der Juristen, speziell der Rechtsanwälte? Wie aus den Geschichtsunterlagen Ihrer Vorgänger Dr. August und Dr. Ernst Eick hervorgeht, hatten die Referendare sich früher vier Jahre intensiv in den verschiedenen Fachgebieten abzumühen, ehe sie das Assessorexamen ablegen konnten. Wie sieht es damit heute aus? Gibt es noch ausbildungsmäßige Unterschiede zwischen den Juristen in Westdeutschland und in den neuen Bundesländern?

Prof. Dr. Bergmann:

Die Frage nach der Ausbildung der Juristen ist berechtigt. Es gibt heute keinen ausbildungsmäßigen Unterschied zwischen den Juristen in Westdeutschland und in den neuen Bundesländern. Vielmehr sind die früheren DDR-Juristen entweder nicht mehr als Volljuristen tätig oder sie haben die bundesdeutsche Ausbildung nachgeholt. Auch heute haben sich die Referendare noch in den verschiedenen Fachgebieten abzumühen, ehe sie das Assessorexamen ablegen können. Die zweistufige Juristenausbildung ist geblieben. Verbessert hat sich die Ausbildung für die Anwaltschaft. Hier sind Spezialkurse für die Referendare eingerichtet, die es dem Referendar ermöglichen, eine zielgerichtete Ausbildung für den Beruf des Rechtsanwalts zu absolvieren.

Ohne elitären Anspruch

Frage:
Wie sehen Sie das heutige Berufsbild der Rechtsanwälte? Ist es noch ebenso exklusiv wie einst, als etwa der junge Goethe 1771 beim Gericht seiner Heimatstadt Frankfurt die Zulassung als Rechtsanwalt beantragte und seine Prüfer mit folgender Anrede begrüßte: „Wohl- und hochedelgeborne, Fest- und Hochgelehrte, Hoch- und Wohlvorsichtige, insonders hochgebietende und hochgeehrteste Herren." So edel sollte und braucht es natürlich heute nicht mehr zuzugehen. Doch gibt es überhaupt noch ein entsprechendes Berufsbild? Ist der Jurist und speziell der Rechtsanwalt noch „elitär"?

Prof. Dr. Bergmann:
Das Berufsbild des Rechtsanwalts ist vielfältig. Es gibt zum einen den forensisch tätigen Rechtsanwalt, der den Mandanten vor dem Gericht vertritt. In diese Rubrik gehören wir. Aufgabe des forensisch tätigen Rechtsanwalts ist es, den Mandanten in Zivilsachen vor Gericht gut zu vertreten, wobei sich diese Tätigkeit natürlich auch auf die Vertretung vor anderen Gerichten, insbesondere der Verwaltungsgerichtsbarkeit, der Arbeitsgerichtsbarkeit, der Sozialgerichtsbarkeit und der Strafgerichtsbarkeit, erstrecken kann. Der Strafverteidiger ist aber seit eh und je eine besondere Spezies unter den Rechtsanwälten. Wir haben hierzu keine Verbindung – bis auf die Vertretung von Ärzten in Strafsachen, wenn der Patient nicht nur einen zivilrechtlichen Ausgleich, sondern auch strafrechtliche Genugtuung haben will. Daneben gibt es den beratenden Anwalt in der Wirtschaft. Hier haben heute große internationale, insbesondere amerikanische Rechtsanwaltsfirmen mit mehreren hundert oder auch tausend Anwälten das Beratungsmandat der einzel-

nen Unternehmen deutschen oder internationalen Zuschnitts. Daneben gibt es noch den örtlich tätigen Anwalt, der dem einzelnen Rechtsuchenden in allen Fragen des täglichen Lebens zur Verfügung steht. Auch ein solcher Anwalt wird in Zukunft seine Existenzberechtigung haben und haben müssen, da auch dieser Sektor anwaltliche Beratung benötigt. Der Rechtsanwalt ist heute nicht mehr „elitär", er kann es in unserer demokratischen Gesellschaft nicht mehr sein. Er ist in der Tat, wie es so schön heißt, Dienstleister, übt also einen freien und unabhängigen Beruf aus. Diese Freiheit sollte sich der Rechtsanwalt niemals nehmen lassen. Der Beruf hat sich längst dem modernen Wirtschaftsleben angepasst und muss auch in Zukunft weiter dem sozialen und wirtschaftlichen Leben in unserer Gesellschaft gerecht werden.

Frage:
Wie beurteilen Sie die zukünftige Entwicklung im Hinblick auf die Rechtsauffassung, speziell in dem von Ihnen wahrgenommenen Rechtsbereich? Lösen sich die am christlichen Menschenbild und am Grundgesetz orientierten Rechtsbegriffe auf oder werden sie weiter beachtet, sei es auf dem Gebiet der Rechtsuchenden, sei es im Bereich der kommunalen oder wirtschaftlichen Interessenten und Klienten?

Prof. Dr. Bergmann:
Es wäre bedauerlich, wenn sich die am christlichen Menschenbild und am Grundgesetz orientierten Rechtsbegriffe auflösten. Auch neue Entscheidungen des Bundesverfassungsgerichts und des Bundesgerichtshofes lassen eine solche Tendenz nicht erkennen. Wir haben weiterhin die berechtigte Auffassung und für die Zukunft auch Hoffnung, dass unsere Tätigkeit durchaus dem Idealbild der „Justitia" entspricht. Der Anwalt sollte auch weiterhin Organ der Rechtspflege und nicht lediglich Sachwalter der Mandanten sein. Er darf sich nicht vom Mandanten abhängig machen, sondern er kann ihm gerade dann dienen, wenn er die anwaltliche Unabhängigkeit bewahrt.

Das Interview führte Günter Beaugrand

Leitmotiv Tradition. Grafik von Dusan Jovanovic.

Aus der Jugendstilzeit um 1900 stammt das Stammhaus der „Sozietät Dr. Eick & Partner". Es steht unmittelbar an der Ostenallee, hat aber die Adresse Schützenstraße 10. Die Villa war ursprünglich für den Direktor der Brauerei Isenbeck als „Landhaus" gebaut worden und kam 1983 in den Besitz der Sozietät.   Foto: Heinz Feußner

Der Eingangsbereich der Jugendstil-Villa liegt an der Schützenstraße. Hier und in drei mit in die Kanzlei einbezogenen Nachbarhäusern sind etwa zwanzig Rechtsanwältinnen und Rechtsanwälte auf den verschiedenen juristischen Fachgebieten tätig.

Foto: Heinz Feußner

Zu einem Gruppenfoto für die Festschrift zum 100-jährigen Bestehen der Sozietät fand sich das Personal des Hammer Stammhauses im Park der Petzoldt-Villa zusammen.   Foto: Heinz Feußner

Etwa zwanzig Rechtsanwältinnen und Rechtsanwälte sind heute im Hammer Stammhaus auf den verschiedenen juristischen Fachgebieten tätig. *Fotos: Heinz Feußner*

Als Musterbeispiel des Bauhausstils aus den 1930er-Jahren gilt die Petzoldt-Villa Ostenallee 137, die 1995 von der „Sozietät Dr. Eick & Partner" erworben werden konnte. *Foto: Heinz Feußner*

*Prof. Dr. Karl Otto Bergmann vor dem Gemälde des Kanzleigründers Dr. August Eick, der am 7. Oktober 1908 in der Hammer Brückenstraße 9 seine erste Kanzlei eröffnete. Das Bild an der Wand hinter dem Schreibtisch von Professor Bergmann weist darauf hin, dass sich die heutige Sozietät der Tradition des Hauses verpflichtet fühlt und ihre Arbeit im Sinne ihres Gründers auch in Zukunft fortsetzen will.
Foto: Heinz Feußner*

Die Marker Dorfkirche St. Pankratius. Grafik von Dusan Jovanovic.

Die Marker Dorfkirche St. Pankratius im Blick des Künstlers Dusan Jovanovic

Die Pankratiuskirche in Hamm-Mark, in ihren Ursprüngen um 1100 oder noch früher erbaut, ist älter als die Stadt Hamm. Einst war sie Eigenkirche der auf der unweit westlich gelegenen Burg residierenden Grafen von der Mark. Der Turm und das einschiffige Langhaus stammen noch von der romanischen Kirche. Bis zum Jahr 1337, als sie von der St.-Georgs-Kirche, der heutigen Pauluskirche, abgelöst wurde, war die Kirche zu Mark auch die Mutterkirche von Hamm. Aus der Frühzeit Mitte des 13. Jahrhunderts stammt der alte Taufstein.

Die kleine Dorfkirche erhält ihren kunstgeschichtlichen Rang vor allem durch die Wandmalereien im Chor, die den Meistern der Wiesenkirche in Soest zugeschrieben werden. Die Mitte des 14. Jahrhunderts entstandenen Fresken bilden eine „gemalte Predigt", die nach Umfang und Vollständigkeit in Westfalen einzigartig ist. Sie zeigt entscheidende Szenen aus der Heilsgeschichte: das Weltgericht, die Herrlichkeit Gottes, die Verkündigung des Evangeliums durch die Apostel, das Bekenntnis des Glaubens durch die Muttergottes und die Heiligen.

Der gotische Schnitzaltar im Chor, der nach der Säkularisierung des Zisterzienserinnenklosters Kentrop 1808 in der Pankratiuskirche Aufnahme fand, stammt aus der Zeit um 1500. Er entstand unter dem Einfluss niederländischer Schnitzaltäre. Der lebensgroße Christus am Kreuz, ebenfalls eine Arbeit aus dem 15. Jahrhundert, hängt im Triumphbogen zwischen Querhaus und Chor – ein bezwingendes Kunstwerk, das gleichsam den spirituellen Übergang vom Langhaus zum Chorraum bildet.

Der Hammer Künstler Dusan Jovanovic hat zu der Marker Dorfkirche eine besondere Beziehung, sodass er ihre entscheidenden Merkmale auf einer Farbradierung künstlerisch gestaltete. Die Radierung zeigt die Kirche von Südwest mit Blick auf den gotischen Chor, auf das ältere Seitenschiff und den romanischen Kirchturm. Der Künstler hat es sich erlaubt, den Kirchturm doppelt wiederzugeben: einmal als Teil der Kirche selbst, zum andern als Symbol, das die Kirche erhöht. Auf dem Turm bläst der berühmte Posaunenengel. Aus dem Chor finden wir in der Radierung hervorgehoben in geometrischer Anordnung die Rundscheiben der vier Evangelisten Matthäus, Markus, Lukas und Johannes.

Im Mittelpunkt der Radierung steht also die Kirche, die im unteren Teil des Kunstwerks den Schwerpunkt bildet. Über der Kirche erscheint die Spitze des Turms vergrößert, wiederum vergrößert sind die Ornamente unterhalb des Posaunenengels. Die gesamte Komposition ist symmetrisch aufgebaut. Die farbliche Atmosphäre des Kircheninneren ist hier ebenfalls im Himmel wiedergegeben. Wir finden das Gold und das Braun aus dem Chor, nunmehr umgesetzt als die Kirche umgebender Himmel, darüber in starkem Gold der Posaunenengel.

Farbe und Form der Radierung scheinen besonders geeignet, der schlichten Würde der Pankratiuskirche gerecht zu werden. Dusan Jovanovic ist damit seinem immer wieder erklärten Anliegen, jedes Objekt in der Umwelt und in der Natur durch künstlerische Imagination mit den Mitteln der Stilisierung und Vereinfachung auf den Kern zurückzuführen, unbedingt gerecht geworden.

Der Künstler wurde am 11. November 1944 in Serbien geboren. Er studierte in Nis und Belgrad. 1968 errang er den 1. Preis der Stadt Belgrad für moderne Malerei aus der Stiftung der UNICEF. Nach seiner Übersiedlung nach Deutschland im Jahr 1970 erhielt er 1974 den vom Verfasser dieses Beitrages erstmals verliehenen Förderpreis der damals noch selbstständigen Stadt Heessen. 1985 war Dusan Jovanovic Stipendiat der Aldegrever-Gesellschaft, 1987 Stipendiat der Gesellschaft Ulus in Nis. 1993 lehrte er als Gastdozent in Norwegen. Der in Hamm lebende Künstler ist Mitbegründer der Künstlergruppe Eikon und Mitbegründer des Hammer Künstlerbundes. Dusan Jovanovic gehört, wie zahlreiche Ausstellungen im In- und Ausland belegen, zu den bedeutendsten Künstlern Westfalens. Seit vielen Jahren ist die „Sozietät Dr. Eick & Partner" mit ihm und seinem Werk verbunden. Nicht nur die Grafiken in diesem Buch, sondern auch ein Wandbild und eine Stahlplastik im Garten der Hammer Praxis bezeugen diese Verbindung.

Prof. Dr. Karl Otto Bergmann

Ein Anwaltsleben im Wandel der Jahrzehnte

Erinnerungen an die Entwicklung der Sozietät Dr. Eick
Nach den Aufzeichnungen von Dr. Ernst Eick

Man kann es nur als einen Glücksfall bezeichnen, dass Dr. Ernst Eick, der Sohn des Kanzleigründers Rechtsanwalt Dr. August Eick, noch im hohen Alter Erinnerungen und Entwicklungen aus dem Berufsleben als Nachfolger seines Vaters aufzeichnete und mit Rückblicken auf die Gründerzeit verband. Nahezu zwanzig Jahre trug er zusammen mit Dr. August Eick die Verantwortung für die Kanzlei. Sein Einblick in die gemeinsam geführte Anwaltspraxis und die Wiedergabe der ihm von seinem Vater vermittelten Informationen über die Gründerjahre gibt der Redaktion dieser Jubiläumsschrift die gern aufgenommene Chance, den Spuren der Vergangenheit zu folgen und den Weg der späteren „Sozietät Dr. Eick & Partner" nachzuvollziehen.

Am 8. September 1880 in Dortmund geboren, wurde Dr. August Eick am 7. Oktober 1908 als Rechtsanwalt beim Oberlandesgericht Hamm zugelassen. Er eröffnete seine Praxis im Haus Brückenstraße 9 unter der Kanzleibezeichnung „Dr. August Eick, Rechtsanwalt beim Königlichen Oberlandesgericht Hamm (Westf.)". Noch bis kurz vor seinem Tod am 17. Dezember 1958 in Hamm betätigte er sich aktiv in seiner Kanzlei, in die sein am 28. August 1909 geborener Sohn Ernst im Herbst 1939 eingetreten war.

Abgesehen von den Kriegsjahren, in denen er zur Wehrmacht eingezogen war, arbeitete Dr. Ernst Eick an der Seite seines Vaters und erweiterte als sein Nachfolger die Kanzlei zu einer erfolgreichen Sozietät, deren Mitgliederzahl sich im Laufe der Jahre immer mehr vergrößerte. Ebenso wie seinem Vater war es ihm vergönnt, Jahrzehnte hindurch mit unermüdlichem Arbeitseinsatz und großem juristischen Können die „Sozietät Dr. Eick & Partner" entscheidend zu prägen. Noch kurz vor Vollendung seines 85. Lebensjahres war er, bereits von Krankheit gezeichnet, in seiner Anwaltspraxis tätig, bis er am 17. August 1994 in die Ewigkeit heimgerufen wurde.

Eine Fundgrube für die Chronik

Das im Jahr 1991 von Dr. Ernst Eick herausgegebene, inzwischen vergriffene Buch unter dem Titel „Ein Anwaltsleben in der Sozietät Dr. Eick bei dem OLG Hamm" kann als Fundgrube für eine Chronik zum 100-jährigen Bestehen der Sozietät gelten, zumal kaum dokumentarische Unterlagen über die Gründerjahre vorliegen. In der „Sozietät Dr. Eick & Partner" ließen sich trotz bemühter Nachforschung nur wenige Dokumente aus alter Zeit finden. Das Stadtarchiv fiel als Quelle völlig aus, da es im Zweiten Weltkrieg bei einem Bombenangriff auf Hamm zerstört wurde.

Was die Aufzeichnungen von Dr. Ernst Eick so aussagekräftig macht, ist die Tatsache, dass sie sich nicht mit Fakten und Daten begnügen, sondern die juristisch-anwaltlichen Darlegungen mit persönlichen Eindrücken und Erlebnissen verbinden, in denen sich die Atmosphäre jener Zeit widerspiegelt. Wie schon aus dem Titel seines Buches hervorgeht, war sein „Anwaltsleben" wie das seines Vaters vom Oberlandesgericht Hamm bestimmt, vor dem beide ausschließlich auftraten, bis sich dann durch die Erweiterung der Kanzlei in eine Sozietät und durch den Zwang zur Spezialisierung eine andere Ausrichtung ergab.

So ist es sicherlich gerechtfertigt, in einer Chronik zum hundertjährigen Bestehen der „Sozietät Dr. Eick & Partner" in knapper Form auf die Aufzeichnungen von Dr. Ernst Eick zurückzugreifen und die längst vergangene Zeit wieder ins Bewusstsein zu rücken. Da die „Sozietät Dr. Eick & Partner" bis heute den Namen Eick gleichsam als „Markenzeichen" trägt, wird zudem deutlich zum Ausdruck gebracht, dass sich die heutigen Mitglieder der Sozietät mit der Tradition des Hauses verbunden fühlen und ihre Aufgaben im Geist ihrer Gründer und Vorgänger weiterzuführen suchen.

Rechtsanwalt Dr. August Eick gründete am 7. Oktober 1908 seine Kanzlei in der Brückenstraße 9 in Hamm. Unser Bild zeigt ihn im Alter von fünfzig Jahren.

Dr. August Eick: Jurist und der Musik verbunden

Lassen wir also Dr. Ernst Eick als kompetenten Zeitzeugen zu Wort kommen, der schon – wie er in seinen Aufzeichnungen betont – von Jugend auf dazu entschlossen war, später in die väterliche Praxis einzusteigen. Schon in seiner Kindheit galt sein Interesse dem Büro- und Mandantenbetrieb im Elternhaus, sodass seine „Erinnerungen an die Anwälte und an die Richterschaft des OLG Hamm erheblich weiter in die Vergangenheit zurückreichen als die der anderen noch lebenden Hammer Juristen." Deshalb fühlte er sich dazu bewogen, die Entwicklung der Anwaltspraxis Eick festzuhalten, die – so Dr. Eick – „als die älteste unter dem gleichen Familiennamen geführte Praxis in Hamm und wohl auch noch darüber hinaus gelten kann."

Zur Charakterisierung der Persönlichkeit seines Vaters hebt Dr. Ernst Eick besonders dessen musikalische Begabung hervor: „Mein

Die Gründungspraxis von Dr. August Eick lag in der Brückenstraße 9. Bis zum Umzug in die Brückenstraße 19 im Jahr 1932 war das Haus Büro und Wohnhaus zugleich.

Vater war ein vielseitig begabter Mann, der keineswegs nur auf die Juristerei fixiert war. Die exzellenten Noten seines Abiturzeugnisses umfassen nicht nur die alten und neueren Sprachen, sondern auch die Mathematik. Er war zugleich ein musischer Mensch und ein Pianist von hohen Graden, schon in seiner Jugend gefördert von Max Reger, einem Freund des Elternhauses. Sein musikalisches Gedächtnis war so ausgeprägt, dass er bei einer ihm vorgegebenen Tonfolge fast stets auf Anhieb sagen konnte, aus welcher Symphonie, Sonate oder Oper sie stammte. Das von ihm ins Leben gerufene Juristenquartett bestand aus Rechtsanwalt Dr. Biermann (Bratsche), OLG-Rat Michael (Cello), OLG-Rat Grünebaum (Geige) – dem einzigen jüdischen Richter des OLG der 1920-er Jahre – und August Eick am Flügel." Die Besetzung des Quartetts weist bereits darauf hin, dass die Kontakte zwischen den Hammer Rechtsanwälten und den Richtern des Oberlandesgerichts damals sehr eng waren, bedingt durch die berufliche Zusammenarbeit und die Nachbarschaft in der überwiegend von Juristen bewohnten Brückenstraße.

Dr. Ernst Eick beschreibt getreu das Umfeld, in dem sein Vater seine Praxis gründete. Am 7. Oktober 1908 als Rechtsanwalt beim Oberlandesgericht Hamm zugelassen, eröffnete er sein Büro schon bald darauf in der Brückenstraße 9, in dem die Praxis dann jahrzehntelang blieb: „Die Brückenstraße", so erfuhr Ernst Eick durch seinen Vater, „war im Jahre 1908 noch nicht ausgebaut. Beim Einzug blieb der Möbelwagen buchstäblich im Schlamm stecken. Die Grundstücke links und rechts von Nr. 9 waren noch unbebaut. Hinter dem Haus – wo sich heute die Ringanlagen hinziehen – floss die Ahse, die in jedem Frühjahr Garten und Keller überschwemmte."

Das Haus Brückenstraße 19 war bis zum Umzug in die Schützenstraße im Jahr 1983 das zweite Domizil der Sozietät.

Außerordentlicher Aufschwung der Praxis

Die eigenen konkreten Erinnerungen setzen bei dem 1909 geborenen Dr. Ernst Eick erst nach dem Ende des Ersten Weltkrieges ein: „Ich erlebte den außerordentlichen Aufschwung einer Praxis mit, die damals noch jahrelang von meinem Vater allein ohne Sozius bewältigt worden ist. Sozietäten gab es seinerzeit nicht. Die erste Hammer Anwaltssozietät ist von den Kollegen Wichmann und Kieserling gegründet worden."

Dr. Ernst Eick hat gewiss recht mit seiner Anmerkung, dass man sich Anfang der 1990er-Jahre, dem Zeitraum seiner Aufzeichnungen, kaum noch eine zutreffende Vorstellung von den Arbeitsbedingungen und Büroverhältnissen machen könne, die in den 1920er-Jahren dazu ausreichten, eine erfolgreiche Rechtsanwaltspraxis zu betreiben. Wichtigster Punkt: „Jeglicher Aufwand war verpönt!" – und das sowohl bei den Rechtsanwälten als auch im Oberlandesgericht. Die Brückenstraße mauserte sich nach der Schilderung des Autors im Laufe der Zeit zur „Hammer Juristenstraße": Neben verschiedenen Anwaltskanzleien beherbergten viele Häuser Richterfamilien, denn es herrschte in Hamm noch strengste „Residenzpflicht": Anwälte wie Richter mussten am Ort ihres Wirkens wohnen.

Wie sah es nun nach den Erinnerungen von Dr. Ernst Eick in den Büros der Anwälte aus? Er schreibt: „Die Anwaltskanzleien in der Brückenstraße bestanden sämtlich nur aus einem einzigen Büroraum und einem Arbeitszimmer. Unser Büroraum, ebenerdig gelegen, zeichnete sich durch seine Größe und besonders durch seine Tiefe aus. Diese Ausmaße wurden aber auch dringend benötigt. Im vorderen Teil stand das große zweiseitige Stehpult, um das herum die Schreibmaschinen dicht bei dicht gruppiert waren. Im mittleren und hinteren – ziemlich dunklen – Teil befanden sich entlang der Wände die Aktenregale, dazwischen ein viereckiger Tisch mit Stühlen als Warteecke für die Mandanten. Das war alles. Meines Wissens hat kein Generaldirektor oder Mandant von hohem Adel daran je Anstoß genommen. Das war eben der spartanische ‚Erwartungshorizont'. Ihm entsprach der Zuschnitt der Gerichte, der Behörden und Fabrikkontore."

Sitzungssaal im 1894 fertiggestellten Oberlandesgericht am damaligen Friedrichsplatz. An den Wänden hängen zwei Gemälde preußischer Herrscher: Links hinter dem Kronleuchter König Friedrich Wilhelm IV., an der Wand rechts der spätere Kaiser Wilhelm I. als Kronprinz. Die Gemälde überstanden den Zweiten Weltkrieg ohne ernstliche Beschädigungen. Aus Sicherheitsgründen kamen sie schon vor Jahrzehnten nach Berlin in die Stiftung Preußischer Kulturbesitz. Das Foto, ebenso wie das auf Seite 62 wiedergegebene Foto der Bibliothek, spürte die ehemalige OLG-Mitarbeiterin M. Goermann im Dia-Bestand der früheren Stadtarchivarin Ilsemarie von Scheven auf.

Der Herzog von Croy im Treppenhaus

Der damalige „gestrenge" Bürovorsteher Gustav Nünnicke blieb Dr. Ernst Eick so in der Erinnerung: „Ich habe ihn eigentlich immer nur stehend mit durchgedrücktem Kreuz an dem Riesenpult gesehen. Er verschmähte den Drehschemel. Im Übrigen wurden an diesem Pult von zwei einander gegenüberstehenden Angestellten die größeren Schriftsätze ‚kollationiert'. Der eine las aus dem Manuskript vor, der andere verglich den Schreibmaschinentext."

Aufmerksam beobachtete der junge Eick die Vorgänge im Haus Brückenstraße 9: „Als während der Wohnungszwangswirtschaft nach dem Ersten Weltkrieg das hinter dem Büro liegende schöne große Arbeitszimmer beschlagnahmt wurde, musste mein Vater nach oben in die zweite Wohnung ausweichen. Das wurde für uns Kinder dann immer interessant, wenn hochgestellte Persönlichkeiten wie der Herzog von Croy durch das Wohntreppenhaus zur Konferenz geführt wurden. Der Herzog gehörte zur Stammkundschaft. Sein legendärer Mercedes-Kompressor, garniert mit den von den Daimler-Benz ‚Silberpfeilen' her bekannten Kompressionsschläuchen, kündete werbewirksam von seiner Anwesenheit in der Brückenstraße."

Über die Arbeit der Anwaltspraxis in jenen Jahren berichtet Dr. Eick, dass sie von Beginn an eine reine OLG-Praxis war: „Die Führung eines Notariats und die Übernahme von Straf- oder Amtsgerichtssachen lag außerhalb ihres Zuschnitts. Die Mandantschaft umfasste im wesentlichen Gemeinden und Gemeindeverbände, Versicherungsgesellschaften, die Reichsbahn und die Industrie. Ein Spezialgebiet von Dr. August Eick war das Patentrecht. An fast allen großen Patentsachen der 1920er-Jahre war er beteiligt."

Die „Kanzlei Dr. Eick und Dr. Dähne"

Während des Ersten Weltkrieges von 1914 bis 1918 ruhte die Anwaltspraxis, weil Dr. August Eick zum Kriegsdienst eingezogen wurde. Hatte er sie nach dem Krieg noch einige Jahre allein weitergeführt, so trat 1924 Dr. Paul Dähne in die damit erweiterte Praxis ein, die unter dem Namen „Eick und Dähne" fungierte und im OLG-Bereich Hamm einen guten Ruf erlangte. Dr. Dähne fiel im Zweiten Weltkrieg als Major der Reserve im Baltikum ebenso wie der jüngere Bruder Ernst Eicks, der, ebenfalls Jurist, im Mittelabschnitt der Ostfront den Tod fand.

Es würde hier zu weit führen, die von Dr. Ernst Eick ausführlich geschilderte damalige Struktur und Arbeitsweise des Oberlandesgerichts und der beim OLG zugelassenen Rechtsanwälte wiederzugeben. Die damit zusammenhängenden Fragen wurden in der zum 150-jährigen Bestehen des Oberlandesgerichts Hamm 1970 unter dem Titel „Rechtspflege zwischen Rhein und Weser" vom „Verein für Rechtsgeschichte im Gebiet des Oberlandesgerichtes Hamm e.V." herausgegebenen Festschrift von zahlreichen Autoren aufgegriffen und dar-

Rechtsanwalt Dr. Ernst Eick, der Sohn des Praxisgründers Dr. August Eick, im Jahr 1983 an seinem Schreibtisch in der Brückenstraße 19.

gestellt. Auch die Festschrift zum 125-jährigen Bestehen der Rechtsanwaltskammer für den Oberlandesgerichtsbezirk Hamm 1879-2004 griff im Detail den das Berufsbild und die Berufsausübung der Rechtsanwälte betreffenden Themenkomplex mit zahlreichen Beiträgen kompetenter Verfasser auf. Nur einige für die Sozietät „Dr. Eick & Partner" relevante Informationen aus diesen Jubiläumsbüchern sind in unsere Chronik zum 100-jähren Bestehen der Sozietät eingeflossen.

Doch kehren wir zurück in die Zeit der 1920er-Jahre, als Dr. August Eick seine Praxis mit Rechtsanwalt Dr. Dähne zur Sozietät in kleinem Maßstab erweiterte. „Es ist mir heute noch unbegreiflich", so notierte Dr. Ernst Eick über das Arbeitspensum im väterlichen Haus, „wie es möglich war, das gewaltige Arbeitspensum zu bewältigen. Leider sind die Prozessregister aus der damaligen Zeit nicht mehr vorhanden. Aber ich weiß, dass oftmals um die zehn Sachen an einem Tag anstanden. Dazu bedarf es einiger Erläuterungen. Seinerzeit waren die Schriftsätze und die Verhandlungen kürzer als heutzutage. Da es noch keine Diktiergeräte gab und die Schriftsätze handschriftlich angefertigt wurden, fehlte darin das heute übliche Decorum langatmiger Wiedergaben des angefochtenen Urteils oder der gegnerischen Berufungsbegründung. Es ging gleich in medias res bei möglichst straffer und knapper Gedankenführung."

„Keine nostalgische Verklärung"

Dr. Ernst Eick lässt in seinen Aufzeichnungen keinen Zweifel daran, dass sowohl die OLG-Richterschaft als auch die Anwälte gute Arbeit leisteten, warnt aber davor, die juristische Abwicklung jener Zeit allzu sehr in „nostalgischer Verklärung" zu sehen. Denn: „Man vergisst eher das Schlechte und behält das Positive im Gedächtnis." Er weist darauf hin, dass die Lebens- und Rechtsverhältnisse seitdem komplizierter geworden seien. Und er blickt gleichsam prophetisch in die Zukunft, wenn er die Folgen des rasanten technischen Fortschritts und des gravierenden gesellschaftlichen Wandels in den Blick rückt, deren Ausmaß durch die Medien- und Computer-Revolution und durch die Wiedervereinigung Deutschlands, die er allerdings nicht voraussehen konnte, wenn auch Anfang der 1990er-Jahre Ansätze bereits zu erkennen waren.

Die Aufgabengebiete der Kanzlei Eick und Dähne hatten im Laufe der Jahre einen solchen Umfang angenommen, dass die Räume im Haus Brückenstraße 9 nicht mehr ausreichten. So wurde im Jahr 1932 das benachbarte Miethaus Brückenstraße 19 erworben, in dessen 200 qm großem Erdgeschoss der Kanzleibetrieb dann, wie Dr. Ernst Eick feststellt, „angemessen und – nach damaligen Anschauungen – sogar recht komfortabel fortgeführt werden konnte."

Dr. Ernst Eick: Partner und Sozius

Dr. Ernst Eick hatte inzwischen nach Studienaufenthalten in Zürich, Freiburg, Berlin und Münster seine Ausbildung beendet, war zunächst Referendar und 1936 Assessor geworden, konnte aber erst 1939 offiziell in die Sozietät eintreten, weil jeder Anwaltsanwärter nach bestandener

Großer Staatsprüfung vorher drei Assessorenjahre absolvieren musste. So arbeitete er zwei Jahre als Anwaltsassessor und Ferienvertreter im OLG-Bezirk Hamm und verbrachte das dritte Jahr in der Kanzlei Dr. Eick und Dähne.

Da Dr. Ernst Eick in den ersten Jahren des Dritten Reiches als Student, Referendar und Assessor auswärts lebte, hatte er, wie er in seinen Aufzeichnungen feststellt, von den Auswirkungen der NS-Zeit am OLG Hamm „nicht viel mitbekommen." Er betont jedoch, dass viele Richter dem Regime distanziert und ablehnend gegenüberstanden und dass seines Wissens nur zwei Senatspräsidenten gelegentlich in Parteiuniform im Gericht erschienen seien. Nach Kriegsbeginn wurde die Kanzlei von Dr. August Eick noch einige Zeit fortgeführt. Dr. Ernst Eick und Dr. Dähne waren bereits 1939 eingezogen worden. Dr. August Eick und seine Frau verließen Hamm, als die Häuser Brückenstraße 9 und 19 infolge von Bombenschäden nicht mehr bewohnt werden konnten.

Während Dr. Dähne gefallen war, kehrte Dr. Ernst Eick 1945 aus amerikanischer Gefangenschaft nach Hamm zurück und wirkte sofort am Wiederaufbau der Kanzlei mit. Nur behelfsmäßig konnte zunächst in dem beschädigten Haus Brückenstraße 19 gewohnt und die Praxis wieder in Betrieb genommen werden. Schon vor der Eröffnung des OLG Hamm am 1. Dezember 1945 in Anwesenheit des Chefs der Rechtsabteilung der Britischen Kontrollkommission und eines Generals der britischen Armee war Dr. Ernst Eick mit den ersten nicht der Entnazifizierung unterzogenen Rechtsanwälten am 8. September 1945 vom Military Gouvernement Court wieder als Anwalt zugelassen worden.

Erst allmählich normalisierte sich nach dem Krieg der Praxisbetrieb, der – besonders nach der Währungsreform 1948 – erstaunlich schnell an Umfang und Intensität zunahm, sodass ab März 1948 Rechtsanwalt Dr. Kurt Winkhaus die Kanzlei verstärkte und die beiden Eicks entlastete. Zunächst als „juristischer Hilfsarbeiter" eingestellt, wirkte er ab November 1949 als Rechtsanwalt und Sozius bis Ende 1951. Er wechselte dann in die Kanzlei Holtermann (heute Dr. Reiff, Dr. Kieserling) und wirkte dort bis zu seinem Tod im Jahr 1968.

Durchbruch zur Sozietät

Aus der Sicht von Dr. Ernst Eick setzte nach seinen Aufzeichnungen 1952 der Durchbruch zur Sozietät ein. In diesem Jahr trat Rechtsanwalt Dr. Friedrich Besselmann in die Kanzlei ein, der bis Mai 1967 zur Entwicklung der Sozietät beitrug. Im Frühjahr 1957 kam Kurt Wältken zunächst als Assessor, ab April 1959 als Rechtsanwalt als weiteres Mitglied in die Sozietät.

Die Entwicklung der „Sozietät Dr. Eick & Partner" in den folgenden Jahren wird geprägt von ständiger Erweiterung, die in Hamm vor allem durch den Eintritt der Rechtsanwälte Dr. Karl Otto Bergmann (1973), Hermann Schumacher (1980) und Dr. Siegfried Mennemeyer (1983) gekennzeichnet ist. Die Erweiterung führte zu einer bedrängenden Enge in der Brückenstraße 19 und bedingte eine Verlagerung der Sozietät in ein größeres Gebäude.

Die Suche nach einem passenden Objekt hatte Erfolg, sodass eine sehr ansprechende Villa in der Schützenstraße im Hammer Osten erworben werden konnte. Im September 1983 erfolgte der Umzug in das neue Domizil. Die ursprünglich für den Direktor der Isenbeck-Brauerei Anfang des 20. Jahrhunderts erbaute Jugendstil-Villa bot alle Voraussetzungen für einen reibungslosen Ablauf und erfüllte durch ihre Lage, ihre Bausubstanz und ihre Innenarchitektur zugleich hohe ästhetische Ansprüche.

Inzwischen war der Ruf der „Sozietät Dr. Eick & Partner" im Gleichklang mit den verbürgten Erfolgen und den unerwartet großen Herausforderungen auf den von ihr wahrgenommenen Rechtsgebieten so gewachsen, dass bis in die Gegenwart die Zahl der Sozietäts-Partner immer mehr zunahm (siehe „Kurze Chronik" Seite 13).

Zwischen Kanzlei und OLG

Bemerkenswertes und Anekdotisches
aus den Erinnerungen von Dr. Ernst Eick

Ein Richteroriginal war der OLG-Rat Stark, ein kenntnisreiches Mitglied des Patentsenats, in dessen Erker an seinem Haus an der Heßlerstraße ein Papagei postiert war, darauf gedrillt, den Schreckensruf auszustoßen: „Hu, hu der Aktenwagen kommt!" Dieser von einer Schindmähre gezogene ausrangierte Postwagen kam auch alle paar Tage durch die Brückenstraße, um bei den dort wohnenden Richtern die Akten abzuliefern und abzuholen. Das war nach meiner Erinnerung jedenfalls noch in der zweiten Hälfte der 1920er-Jahre so. Als dem Justizrat Funke, Fideikommissbesitzer auf dem Gut Kentrop, in der Zeit der Wohnungszwangswirtschaft nach 1919 ein OLG-Rat als Zwangsmieter in dessen herrschaftliche Villa eingewiesen wurde, ließ Herr Funke, dem das absolut nicht gefiel, vor dem Gutszugang an der Ostenallee (!) eine Schranke errichten, um dem Aktenwagen die Zufahrt zu dem ungeliebten Mieter zu verwehren – ein Hindernis, das erst durch chefpräsidiale Intervention beseitigt werden konnte.

*

Dem Urheberrecht und dem unlauteren Wettbewerb im weiteren Sinne ist der Rechtsstreit vor dem OLG zuzurechnen, der für Kurt Joos, dem Choreographen und Startänzer der Essener Folkwangschule, um seinen damals weltweit bekannten „Tanz um den grünen Tisch" gegen die Filmschauspielerin und Tänzerin Marika Rökk zu führen war. Marikas effektvoller tränenreicher Auftritt vor dem Senat konnte sie nicht vor dem Urteilsspruch bewahren, ihre Plagiatvorführungen zu unterlassen.

*

Zum zeitgeschichtlichen Kulturszenario gehört der originelle Prozess, der für eine im Ruhrrevier sehr bekannte Industriellenfamilie gegen den Schriftsteller Josef Winckler durchgeführt wurde. Winckler, der Autor des Bestsellers vom „Tollen Bomberg", hatte in einem Schlüsselroman die Persönlichkeitsrechte der Kläger verletzt, was er unter Berufung auf Goethe und Schiller vergeblich bestritt.

Während des Dritten Reiches hatte ich bei einem Besuch der jungen „Rechtswahrer" – das war unsere offizielle Bezeichnung – in der Siegtaler Herdfabrik Weidenau ein für die damalige Zeit interessantes Erlebnis. Beim obligaten Begrüßungsbier brachte unser NS-Juristenführer auf die Firma ein dreifaches donnerndes „Sieg-Herd" aus, in das wir lauthals einstimmten. Es folgte eine hochnotpeinliche Untersuchung wegen Verunglimpfung des Führergrußes „Sieg Heil".

*

Der ebenfalls in der Brückenstraße wohnhafte Senatspräsident Dr. Cullmann leitete seinerzeit einen Strafsenat. Als ein Angeklagter nach Verkündung eines freisprechenden Urteils von Gestapo-Leuten an der Tür des Sitzungssaales festgenommen werden sollte, verhinderte das der Vorsitzende mit Brachialgewalt und mit Unterstützung herbeigerufener Justizwachtmeister. Dr. Cullmann kam – nach zunächst erfolgter Suspendierung – mit einer Strafversetzung in den 2. Zivilsenat davon. Nach Kriegsende 1945 war Dr. Cullmann als kommissarischer Leiter des OLG Hamm vorübergehend oberster, von der Militärregierung ernannter Gesetzgeber in der Britischen Besatzungszone.

*

Neben Kohle und Stahl spielt auch das Bier eine wesentliche Rolle im Ruhrrevier. Mit dem Bier hatte auch ein Fall zu tun, der mir zu einem ungemein dekorativen Auftritt vor dem OLG verhalf. Gefolgt von einem halben Dutzend Kapuzinermönchen, die mit ihrer eindrucksvollen Gewandung in Kutte und mit Kordel eine Art Prozession bildeten, betrat ich, der Protestant, den Gerichtssaal. Das Kapuzinerkloster in Münster wehrte sich – mit Erfolg – gegen die Namenswahl „Zum Kapuziner" einer in Klosternähe befindlichen Kneipe. Das Dankgeschenk der Mönche, eine katholische Kirchengeschichte, ziert seitdem unsere Praxisbibliothek.

Von der „Adler" zur Digitaltechnik

Die Entwicklung der Bürotechnik in der
„Sozietät Dr. Eick & Partner",
erlebt in fast fünf Jahrzehnten von Gisela Wulf

In Rückblicken auf vergangene Jahrzehnte stehen naturgemäß meist die führenden Persönlichkeiten im Vordergrund, die das Gedeihen der Firma, hier der „Sozietät Dr. Eick & Partner", mit ihrem Fachwissen, ihren Erfahrungen und mit Weitblick ermöglicht und dabei die bürotechnische Ausrüstung den jeweiligen Entwicklungen und Herausforderungen angepasst haben. Doch der Weg durch die Jahre und Jahrzehnte wurde begleitet von vielen Mitarbeiterinnen und Mitarbeitern, die für die verschiedenen Aufgaben zur richtigen Zeit am richtigen Platz waren und dazu beigetragen haben, die angestrebten Ziele der Sozietät zu verwirklichen. Auch sie sind in die Erinnerung einbezogen, die bei der „Sozietät Dr. Eick & Partner" bis ins Jahr 1908 zurückreicht.

Als Beispiel für viele andere soll hier der berufliche Lebensweg von Gisela Wulf nachgezeichnet werden, die 1961 als junge Stenotypistin in das Anwaltsbüro Dr. Eick, Wältken und Dr. Besselmann eintrat und fast fünfzig Jahre mit der Kanzlei verbunden ist. Besonders aufschlussreich ist dabei der Rückblick auf die ungeahnte Entwicklung der Bürotechnik, die Gisela Wulf unmittelbar erlebte.

Zwischen Feldarbeit und Kanzlei

Fast ein Jahr blieb Gisela Wulf 1968 zur Betreuung ihrer beiden Kinder zu Hause auf dem Bauernhof ihres Mannes in Opsen, setzte aber dort ihre Schreibarbeit als erste häusliche Arbeitskraft der Kanzlei Dr. Eick neben ihrer Arbeit in der Landwirtschaft fort. In dieser häuslichen Umgebung bot sie, die aus dem Büro als stets gepflegte junge Dame bekannt war, einen gänzlich ungewohnten Anblick, als sie auf einem Trecker samt angekoppeltem Miststreuer genau in dem Augenblick auf den Hof fuhr, als Frau Eick ihr eine Akte zum Schreiben brachte. Auch nachdem Gisela Wulf 1969 an ihren Schreibtisch in der Brückenstraße zurückgekehrt war, tauschte sie außerhalb ihres Büros beinahe täglich ihre Berufsgarderobe mit der Arbeitskluft. Oft hatte sie schon einige Stunden Feld- oder Stallarbeit hinter sich, wenn sie sich an ihre Schreibmaschine setzte. Doch mit außerordentlicher Willensstärke bewältigte sie mehr als dreißig Jahre ihr tägliches Schreibpensum bis Ende des Jahres 1999. Seit Anfang 2000 kommt sie nur noch einmal wöchentlich in die Kanzlei.

Doch zurück ins Jahr 1961. Zu Beginn ihrer Tätigkeit nahm Gisela Wulf vorwiegend lange Schriftsätze von Rechtsanwalt Dr. Besselmann, bei dem dreißig Schreibmaschinenseiten keine Seltenheit waren, per Stenogramm auf. Anschließend wurden die Texte auf der unverwüstlichen „Adler"-Schreibmaschine aus den 1930er-Jahren auf Papier übertragen. Dabei wurde pro Schriftsatz ein Blatt Schreibmaschinenpapier mit aufgedrucktem Briefkopf zusammen mit sechs Blatt Kohlepapier und ebenso vielen Bogen Durchschlagpapier eingespannt. Korrekturen mit eingelegten kleinen Papierabrissen und hartem Radiergummi waren zeitraubend und optisch störend. Sie mussten tunlichst vermieden werden. Bei der „Adler" senkte sich bei jedem Anschlag der gesamte Typenkorb. Das Schreiben war ungleich anstrengender als auf der erst Anfang der 1960er-Jahre angeschafften elektrischen Schreibmaschine.

Vom Stenogramm zum Tonband

Die in den 1960er-Jahren aufkommenden ersten Kopierer mit umständlicher Technik – Nasskopierer mit Spezialpapier und Fixierflüssigkeit – wurden nur in Ausnahmefällen zum Kopieren von Schriftsatz-Anlagen eingesetzt. Anlagen wurden ohnehin nur sparsam beigefügt. Viel häufiger wurde im Schriftsatz aus der relevanten Korrespondenz zitiert, was gerade bei Rechtsanwalt Dr. Besselmann oft seitenlang der Fall war.

Im Gegensatz zu Dr. Besselmann diktierten Rechtsanwalt Dr. Eick und Rechtsanwalt Wältken ihre Schriftsätze nicht ins Stenogramm, sondern sie übergaben ihre handgeschriebenen Manuskripte den Schreiberinnen. Die eigenhändig geschriebenen Texte der beiden Herren waren im Gegensatz zu den Besselmann'schen Endlosdiktaten stets knapp und präzise abgefasst. Gisela Wulf schrieb, insbesondere nach dem Ausscheiden von Dr. Beselmann, in erster Linie für Rechtsanwalt

Mit allen Entwicklungen der Bürotechnik vertraut, erwies sich Gisela Wulf jahrzehntelang als zuverlässige Mitarbeiterin der „Sozietät Dr. Eick & Partner". Unser Bild zeigt sie in einer Aufnahme aus der Zeit um 1985.

Dr. Eick, zumal sie in der Lage war, sowohl dessen Deutsche Schrift zu lesen als auch seine besonderen Gestaltungswünsche („Das Foto mittig einmontieren!") auszuführen.

Im Jahr 1973 – die Bürotechnik war auch in der Kanzlei inzwischen weiter fortgeschritten – hatte Rechtsanwalt Dr. Bergmann, für den Gisela Wulf natürlich auch von Anfang an schrieb, das Diktieren auf Tonbändern eingeführt. Das sparte Zeit, verminderte aber andererseits die persönlichen Kontakte zwischen Diktierendem und den Schreibenden. Die Diktier- und Wiedergabegeräte waren weitaus voluminöser, in der Tonqualität dagegen weniger ausgereift als heute. Die in den 1980er-Jahren angeschafften elektrischen Schreibmaschinen und vor allem die technisch erheblich verbesserten Laser-Kopiergeräte ließen es zu, dass Schriftsätze nur noch zweifach geschrieben und dann in der erforderlichen Stückzahl kopiert werden konnten.

Vor allem aber konnten dank der verbesserten Kopiertechnik nun auch sämtliche Anlagen, auf die in den Schriftsätzen Bezug genommen wurde, problemlos als Kopien beigefügt werden. Tippfehler waren nicht nur wegen der nur noch zwei Schriftsatz-Exemplare, sondern vor allem mit Korrekturhilfen aus beschichtetem Papier und/oder in flüssiger Form leichter als früher zu beheben, hinterließen aber immer noch sichtbare Spuren.

Elektronische Textverarbeitung

Eine entscheidende Veränderung brachte die 1988 an den damals drei bedeutenden Schreibplätzen eingeführte elektronische Textverarbeitung mit dem „Jupiter-Programm" von Siemens-Nixdorf auf der Grundlage des starren „MS-DOS-Systems". Anfangs zeigte das neue System Tücken und Unzulänglichkeiten. Gisela Wulf, die auch die längsten Diktate immer mit unglaublicher Geschwindigkeit übertrug, reagierte auf das langsame tägliche Hochfahren des Rechners regelmäßig ungeduldig mit: „In der gleichen Zeit hätte ich schon ‚ne Seite geschrieben!"

Auch die Möglichkeit, seit 1988 Telefaxe empfangen und verschicken zu können, veränderte die Arbeitsabläufe in der Kanzlei. Hin und wieder mussten eilige Schriftstücke per Fax verschickt werden. Das geschah damals in der Telefonzentrale auf einem Gerät, das mit Thermopapier in Rollenform bestückt war. Die Einführung der elektronischen Aktenverwaltung ab 1. Januar 1990 – ebenfalls mit dem „Jupiter-Programm" von Siemens-Nixdorf – brachte es mit sich, dass Berufungsschriften und Berufungsbeantwortungen als Standardtexte erstellt werden konnten, allerdings teilweise mit der Schreibmaschine ergänzt werden mussten. Bis dahin waren für diese Schriften vorgedruckte Formulare mit der Schreibmaschine ausgefüllt worden.

EDV-Umstellung auf Microsoft-Betriebssystem

Nachdem ab 1995 mit dem Bezug der Villa Petzoldt in der Ostenallee 137 an einigen Schreibplätzen die elektronische Textverarbeitung auf PCs mit Microsoft-Betriebssystem installiert wurde, wurden die Nachteile des unflexiblen „MS-DOS-Systems" noch augenfälliger. Dies führte im Juli 1998 zur Umstellung der gesamten EDV auf PCs mit Microsoft-Betriebssystem und der Anwalts-Software „AnNoText" mit dem Programm „First Edition". Dieses Programm erlaubte es, direkt zur Akte zu schreiben und die Korrespondenz in der Aktenhistorie zu speichern. Das war gegenüber den bisherigen Systemen eine erhebliche Erleichterung. Für die Schreiberinnen entfiel das oft mühsame Adressensuchen in den Papierakten ebenso wie das Eintippen des Betreffvermerks. Korrekturen, Textumstellungen, Streichungen, Einfügungen etc. waren problemlos durchzuführen.

Im Jahr 2001 wurde das „AnNoText"-Programm „First Edition" durch das komfortablere Programm „Eurostar XP" mit Outlook-Funktion abgelöst und 2004 auf das erneut verbesserte Programm „Business Solution" umgestellt. Beide Programme brachten gegenüber dem vorhergehenden mehr Anwendungsmöglichkeiten, die einzelne Arbeitsschritte schneller machten. Seit 2004 werden beispielsweise eingehende Schriftstücke eingescannt und zu den Akten gespeichert. Weitere Erleichterungen brachten die wiederum verbesserten Kopiergeräte, die inzwischen nicht nur sortieren und heften, sondern auch farbig drucken, kopieren und scannen können. Gisela Wulf und ihre Kolleginnen brauchen seitdem Fotos nicht mehr mittig einzumontieren. Sie werden eingescannt.

Gefaxt wird nicht mehr nur in der Telefonzentrale, sondern mindestens auf jeder Büroetage befindet sich ein Faxgerät, mit dem täglich eilige Schriftstücke verschickt werden, sofern sie nicht direkt aus dem PC gefaxt oder als E-Mail versandt werden.

Wehmütige Erinnerungen

Alle technischen Erleichterungen brachten und bringen aber auch Nachteile mit sich, die insbesondere die Schreiberinnen zu spüren bekommen und Gisela Wulf manchmal wehmütig an frühere Zeiten denken lassen. So werden heute in bedeutenden Prozessen die wesentlichen Schriftsätze den Beteiligten zunächst als Entwurf zugeschickt, häufig als Telefax oder per E-Mail. Stellungnahmen und Änderungswünsche und/oder fehlende Informationen dazu gehen oft erst am Tag des Fristablaufs vorwiegend per Fax oder als E-Mail ein. Sie müssen von den Anwältinnen und Anwälten bearbeitet und von den Schreiberinnen zu Papier und rechtzeitig auf den Weg gebracht werden, wobei „rechtzeitig " oftmals bedeutet: Der Schriftsatz muss mit allen Anlagen kurz vor Feierabend an alle Empfänger gefaxt und außerdem noch mit der Post herausgeschickt werden.

Es mag dahingestellt sein, ob der rasante technische Fortschritt in der Bürotechnik die Hektik in der Kanzlei vermindert oder vielleicht sogar erhöht hat. Dieser Hektik muss Gisela Wulf sich seit dem Jahr 1999 nicht mehr täglich aussetzen, denn seit Erreichen des Ruhestandes kommt sie – wie schon erwähnt – nur noch einmal in der Woche oder wenn Not am Mann ist ins Büro. Mit den neuesten Techniken wie digitalem Diktieren, Spracherkennung oder mit der im Notariat teilweise angewandten elektronischen Signatur braucht sie sich deshalb nicht mehr zu befassen. Aber wann immer sie kommt oder welche Technik sie auch einsetzen muss: Alle Schreibtätigkeit wird damals wie heute bestimmt vom stets drohenden Fristablauf.

Christel Junkermann

Das Oberlandesgericht Hamm: Bezugsfeld und Arbeitszentrum der Kanzlei Dr. Eick

Streifzug durch die Geschichte und Entwicklung der „Justizstadt Hamm"

Es lässt sich leicht vorstellen, dass die Preußisch-Königliche Kabinettsorder vom 20. April 1820 bei der Belegschaft des Oberlandesgerichts Kleve nicht gerade Freude auslöste. „Ohne Verzug" sollte sich das Gericht spätestens bis zum 1. Juli mit Sack und Pack, einschließlich der Aktenberge und der in einer schmiedeeisernen Truhe verschlossenen Gerichtskasse, vom Niederrhein in das 150 Kilometer weit entfernte westfälische Hamm auf den Weg machen. Denn erst drei Jahre zuvor hatte das 1817 errichtete Klevisch-Märkische Oberlandesgericht auf höhere Anweisung seinen Sitz von Emmerich nach Kleve verlegen müssen.

Ein Umzug war bei dem damaligen Straßenzustand und dem mit Pferden und Kutschen zu bewältigenden Transport eine höchst komplizierte Staatsaktion, wenn sich auch die Zahl der OLG-Mannschaft damals in Grenzen hielt: Neben dem Königlichen Oberlandesgerichtspräsidenten Friedrich Wilhelm von Rappard und acht Oberlandesgerichtsräten bestand sie aus einigen Hilfsrichtern, Referendaren und 24 weiteren Beamten.

Für Dr. Ernst Eick war der Termin des 20. April 1820 so wichtig, dass er ihn zu Beginn seiner 1991 veröffentlichten Erinnerungen „Ein Anwaltsleben" gleichsam als Leitmotiv noch vor dem Inhaltsverzeichnis wiedergab. Denn die Verlegung des OLG von Kleve nach Hamm war der Ausgangspunkt der Anwaltstätigkeit seines Vaters seit dem 7. Oktober 1908. Das OLG war von Anfang an Bezugsfeld und Arbeitszentrum der Kanzlei und blieb es Jahrzehnte hindurch. So ist es sicherlich gerechtfertigt, einen kleinen, mosaikartigen Streifzug durch die Geschichte des Oberlandesgerichts Hamm zu wagen, die der Stadt Hamm den Namen „Justizstadt" eintrug.

Zwischen Geldmangel und Gehorsam

Versetzen wir uns zunächst zurück in die Umzugszeit des Jahres 1820, so kann nach den Recherchen des Senatspräsidenten Ludolf Kewer, dessen Beitrag in der Festschrift zum 150-jährigen Bestehen des OLG (1970) nach wie vor Bestand hat, vor allem die Tatsache in Erstaunen setzen, dass für den Umzug der Gerichtsangehörigen überhaupt kein Geld zur Verfügung stand. Die zugesagten 12.000 Taler waren am 15. Juni 1820, als in Kleve alles für den Umzug bereit war, noch nicht eingetroffen. Wie sollten die Gerichtsangehörigen nun dem Befehl seiner Majestät des Königs entsprechen, am 1. Juli pflichtgemäß in Hamm zum Dienst bereit zu sein? Im Zwiespalt zwischen Geldmangel und Gehorsam durchschlug das Gerichtskollegium den Gordischen Knoten und entnahm der zum Inventar gehörenden eisernen Truhe einen Teil der darin gehorteten „Salarien- und Depositorien-Gelder". So kam der Umzug planmäßig in Gang, wenn die mutige Entscheidung auch später noch zu handfesten Auseinandersetzungen mit der vorgesetzten Behörde über die Rechtmäßigkeit der Entnahme führte. Auf jeden Fall war der

In dieser schmiedeeisernen Truhe wurden im Juni 1820 die Kassenbestände des Oberlandesgerichts von Kleve nach Hamm transportiert.
Foto: Archiv OLG

Das Oberlandesgericht Hamm war von 1820 bis 1894 im „Haus am Markt" nördlich der Pauluskirche untergebracht, bis es in das neue Gebäude am Friedrichsplatz umziehen konnte. Unser Foto zeigt rechts das Königliche Amtsgericht, links das Oberlandesgericht.

Foto: Archiv OLG

vorgeschriebene Termin, der 1. Juli 1820, eingehalten worden, so dass bereits am 4. Juli die erste Gerichtsverhandlung durchgeführt werden konnte.

Senatspräsident Kewer schildert den geschichtsträchtigen Umzug in das neue Hammer Domizil sehr anschaulich: „Am 15. Juni gingen einige Wagen mit Akten und Mobilien in Begleitung des Gerichtsboten Weinholz voraus. Am nächsten Tag folgte der Transport der übrigen Akten und der eisernen Truhe mit den Geldern der Salarien- und Deposital-Casse, geführt von dem Leutnant und Registraturassistenten Bird und begleitet von zwei bewaffneten Gendarmen. Nachts wurde als zusätzliche Wache die jeweilige Ortspolizei hinzugezogen. Ein weiterer Transport mit der Bibliothek, den weggelegten Akten und dem restlichen Mobiliar folgte am 26. Juni. Die Reise ging 150 Kilometer weit über die damals noch nicht ausgebauten Straßen. Für schwer beladene Fahrzeuge war das besonders zeitraubend und mühevoll ... Für die Bevölkerung von Hamm, das damals etwas mehr als 7.000 Seelen zählte, war der Einzug des Oberlandesgerichts ein Aufsehen erregendes Ereignis, bei dem besonders die große Bibliothek mit ihren dickleibigen Büchern und die eiserne Truhe mit den Kassengeldern die Phantasie des Publikums beflügelten."

Neues Dienstgebäude: „Haus am Markt"

Wer nun meint, die neuen gerichtskundigen Hammer Bürger hätten in Hamm wohlvorbereitete Bürogebäude und für sich und ihre Familien passenden Wohnraum vorgefunden, wird den damaligen Gegebenheiten nicht gerecht. Als Dienstgebäude wurde ihnen das von der preußischen Regierung 1767 zur Unterbringung der „Kriegs- und Domänenkammer für die Grafschaft Mark" erworbene Haus am Markt nördlich der Pauluskirche zur Verfügung gestellt. Die Kammer war während der französischen Herrschaft zur Zeit Napoleons durch die Einführung neuer Verwaltungsstrukturen aufgehoben worden.

Das Haus am Markt verfügte nur über relativ wenige Räume und konnte keineswegs als repräsentativ gelten. Als Inventar mussten zum Teil die von Kleve mitgebrachten Möbel dienen, zum Teil wurden neue Möbel angeschafft. Im Haus wurden Zwischenwände eingezogen und für die Gerichtskasse ein fensterloses Hinterzimmer ausgebaut, wobei die Wände mit Bretterschichten verstärkt und „einbruchsicher" gemacht wurden. Das Geld der Kasse blieb in der besagten schmiedeeisernen Truhe, da es damals in Hamm noch keine Banken und Sparkassen gab.

Dem Gerichtspersonal sollten mit Unterstützung der Stadtverwaltung „ordentliche Quartiere" beschafft werden, wobei auf „billige Mietpreise" wert gelegt wurde. Der Bürgermeister und die Gemeinderäte gingen sogar von Haus zu Haus, um Quartiere aufzuspüren und den Eigentümern nahezulegen, Angehörigen des Gerichts Wohnrecht zu gewähren oder möblierte Zimmer zur Verfügung zu stellen.

Alles in allem ein relativ kleiner Anfang für das später so bedeutende und personalintensive Oberlandesgericht, das am 4. Juli 1894 aus seinem Haus am Markt in das Gebäude am Theodor-Heuss-Platz (früher Friedrichsplatz) umzog, bis es 1959 in das heutige, längst er-

Ansicht der Stadt Hamm um 1890, von Norden aus gesehen. In der Mitte das Königliche Gymnasium, links daneben das 1861 errichtete Haus der „Harmonie-Gesellschaft". Im Vordergrund links, an der Lippe gelegen, der Ruderclub. Zeichnung von Prof. Zemke.
Foto: Gustav-Lübcke-Museum

weiterte und modernisierte OLG-Gebäude am Otto-Krafft-Platz überwechselte. Das frühere OLG-Gebäude am Theodor-Heuss-Platz dient seitdem der Stadt Hamm als Rathaus.

Eine Institution mit fast 900 Mitarbeitern

Niemand konnte sich im Jahr 1820 vorstellen, dass sich aus den kleinen Anfängen eine Institution entwickeln würde, deren Mitarbeiterzahl Ende 2007 mit exakt 898 Personen angegeben wird: Im Richterlichen Dienst des OLG sind – so die Statistik – 213 Personen tätig, darunter 47 Präsidenten und Vorsitzende Richter sowie acht Richter auf Probe. Im Gehobenen Dienst arbeiten 195 Personen, davon 147 Beamte und 48 Beschäftigte, und der Mittlere Dienst verzeichnet 152 Personen. Es gibt 34 Zivilsenate, 13 Senate für Familiensachen und fünf Strafsenate. Die Verwaltung zählt zwölf Dezernate, das Justizprüfungsamt, die Oberjustizkasse (einst die „Eiserne Truhe") und die Geschäftsleitung. Der Betrieb im OLG, im Volksmund auch „Oberkotten" genannt, spielt sich heute auf einer Raumnutzungsfläche von insgesamt 35.000 Quadratmetern ab – anscheinend genügend Platz, vergleicht man das heutige OLG-Gebäude mit den beengten Räumen im Haus am Markt.

Es ist hier nicht angemessen, den Weg des OLG im Laufe der Jahrzehnte und Jahrhunderte in den einzelnen Stationen nachzuzeichnen. Entscheidende Schnittpunkte für seine Entwicklung waren die Jahre 1849 und 1879: Ab 1849 trug das Gericht den Namen „Appellationsgericht", später ab 1879 wieder Oberlandesgericht. Ihm wurden bei der neuen Gerichtsverfassung für das Deutsche Reich mit Stufungen vom Amtsgericht über das Landgericht bis zum OLG und zum Reichsgericht in Leipzig wesentlich größere Gebiete als bisher zugeordnet. Es umfasste die Kreise und Städte Hamm, Beckum, Dortmund, Hagen, Iserlohn und Soest, weite Gebiete des Kreises Altena sowie die Kreise Duisburg, Essen und Rees.

Als Dr. August Eick im Oktober 1908 seine Kanzlei eröffnete, hatte das OLG noch längst nicht seine heutigen Ausmaße angenommen, aber doch bereits weite Schritte in seiner Entwicklung auf dem Weg zur „Justizstadt Hamm" zurückgelegt. In einer – nur lückenhaften – Aufstellung der OLG-Anwälte und Zivilsenate seit 1908, die Dr. Eick im Anhang seiner Aufzeichnungen „Ein Anwaltsleben" (1991) wiedergibt, gab es damals 26 beim OLG zugelassene Anwälte, deren Zahl sich bis 1990 auf 157 erhöhte, darunter neun Rechtsanwältinnen. Für die Jahre von

Die 1820 von Kleve nach Hamm mitgeführte Bibliothek konnte im Laufe der Jahrzehnte erheblich erweitert werden. Im OLG-Gebäude fand sie einen repräsentativen Platz.

Noch relativ frei von umgebenden Häusern war das 1894 bezogene OLG-Gebäude am damaligen Friedrichsplatz ein bemerkenswertes städtebauliches Wahrzeichen der Stadt Hamm, die es 1959 als Rathaus übernahm.   *Foto: Gustav-Lübcke-Museum*

1908 bis 1932 finden sich keine Angaben über die Zahl der Zivilsenate. Für 1933 sind dann bei 64 Rechtsanwälten zehn Senate angegeben. Dr. Eicks Daten schließen im November 1990 mit 33 Zivilsenaten, 13 Familiensenaten und vier Strafsenaten.

Aktive Mitglieder der Gemeinschaft

Es wäre eine Lücke, wollte man in diesem OLG-Rückblick einen Hinweis darauf versäumen, dass der Zuzug des Oberlandesgerichts im Jahr 1820 und die damit begründete Entwicklung Hamms zur „Justizstadt" für beide Seiten – für die OLG-Neubürger und die Stadt – äußerst positive Folgen mit sich brachten. Die juristischen Neubürger gliederten sich schnell ein und spielten schon bald in allen politischen, gesellschaftlichen und künstlerischen Bereichen eine bedeutende Rolle. Da die Freizeitmöglichkeiten damals begrenzt waren, wurden sie zu Inspiratoren für die „Club"- und auch für die „Harmonie"-Gesellschaft, wo man sich in Lesezirkeln, zu Bällen und Festen zusammenfand und freundschaftliche Kontakte schloss. In Vereinen und Parteien, beim Aufbau des Museums oder in den kirchlichen Gruppierungen – überall ergaben sich Gemeinsamkeiten zwischen Alt-Hammern und den neuen Mitbürgern, deren Zahl in wenigen Jahren immer mehr anwuchs. Längst waren die „billigen Mietwohnungen" der Anfangszeit repräsentativen Neubauten gewichen, und besonders die Brückenstraße in der Nähe des neuen Oberlandesgerichts wurde zur begehrten Richter- und Anwaltsstraße, in der auch die Kanzlei Dr. Eick ihren Platz fand.

Als prominenter Zeuge dieser Integration kann der seit 1882 nach seiner Absetzung als preußischer Kultusminister in Hamm als Oberlandesgerichtspräsident wirkende Adalbert Falk (1827-1900) gelten, zu dessen Ehren im Jahr 1905 der Preußische Lehrerverein ein Denkmal an der Ostenallee errichtete. Auch er wurde in Hamm heimisch und verteidigte die Stadt gegen die „Hammer Krankheit", von der Kollegen befallen waren, die sich mit Hamm nicht abfinden konnten und genüsslich die Mängel der Stadt in den Vordergrund rückten. Falk fühlte sich in Hamm wohl, so dass seine Frau beim Einzug in die neue Chef-

Im Jahr der Gründung der Kanzlei Dr. August Eick 1908 wurde das Foto des OLG-Plenarsaals aufgenommen. Die Einrichtung entsprach ganz dem Stilempfinden der damaligen Zeit. Foto: Archiv OLG

Kurz nach der Einweihung des neuen Oberlandesgerichts Hamm am Otto-Krafft-Platz im Mai 1959 entstand dieses Foto, das die imposante Gebäudestruktur und ihre Umgebung zeigt. Inzwischen wurde das Gericht im Jahr 2002 erweitert und modernisiert (siehe Fotos auf den Seiten 72 und 73).   *Foto: Archiv OLG*

präsidentenvilla Werler Straße 6 a (heute Arbeitsamt) gegenüber dem Oberlandesgericht die Stadt sogar in Versen besang: „Zwar Fremdlinge sind wir und Pilger hier auf Erden, doch hat ein gütiges Geschick es uns verliehen, dass unser Stab, wo wir ihn niedersetzten, grünte und dass nach langem Wandern hin und her ein freundlich Land zur Heimat uns gewiesen, ein schönes Dach uns treulich aufgenommen, der liebe neue Herd sei hoch gepriesen, und jeder Gast daran uns hoch willkommen." Nebenbei gesagt: Eine besondere Quelle der Freude war für Adalbert Falk ein Bad in der Lippe, die er bis in seine späten Lebensjahre in den Sommermonaten fast jeden Tag morgens zwischen sechs und sieben Uhr aufsuchte.

Als im Jahr 1870 mit großem Pomp das fünfzigjährige Jubiläum des Oberlandesgerichts gefeiert wurde, zieht sich durch die Begrüßungsreden und Ansprachen der in großer Zahl anwesenden Prominenz von nah und fern wie ein roter Faden das Leitmotiv ungeteilter Freude über die Existenz des OLG in der Lippestadt, die dadurch an Zugkraft und Ansehen gewonnen habe und auf keinen Fall in Zukunft auf das Gericht verzichten wolle.

In einer Sonderausgabe des „Westfälischen Anzeigers" zum Jubiläum findet sich auf dem Titelblatt ein Gedicht, das diese Wünsche liebevoll umschreibt: „Ein Volk des Rechts sind die Westfalen, sie haben sonst nicht viel voraus, verstehen sich auch schlecht aufs Prahlen: Allein das Recht ist hier zu Haus. So groß als klein, so Herr als Knecht verlangt und findet promptes Recht. – Daher die Lust zu prozessieren, zum Richter ist es nirgends weit, und lieber Haus und Hof verlieren, als weichen im gerechten Streit. Und schafft's der erste Richter nicht, so geht's zum Oberlandesgericht."

Von Wolffersdorff: Strenger Offizier und ideenreicher Stadtherr

Das „Mutterhaus" der Sozietät Dr. Eick & Partner steht an der von dem preußischen Generalleutnant angelegten Ostenallee in Hamm

Das 1983 erworbene Kanzleigebäude der Sozietät, ein architektonisch bemerkenswertes Bauwerk im Jugendstil, liegt unmittelbar an der Ostenallee in der Schützenstraße 10 in einem für Hamm geschichtsträchtigen Raum. Unmittelbar gegenüber dem „Mutterhaus" konnte die Sozietät 1995 in der Ostenallee 137 eine in den 1930er-Jahren errichtete Bauhaus-Villa für die Erweiterung ihrer Kapazität hinzu erwerben.

Nicht weit von beiden Gebäuden entfernt erinnern der Burghügel Mark und die Pankratiuskirche (siehe auch Artikel von Prof. Dr. Bergmann über den Künstler Dusan Jovanovic) an die Ursprünge der Stadt, die hier ihren Ausgang genommen hat. Die Anlage der bis heute für Hamm charakteristischen Ostenallee verdankt die Stadt dem Königlichpreußischen Generalleutnant Carl Friedrich von Wolffersdorff (1716-1781), sodass diese bedeutende, aber von den Historikern auch kritisch gewertete Persönlichkeit hier im Rahmen unserer Jubiläumsschrift kurz dargestellt werden soll.

Wolfersdorff würden sich wahrscheinlich die Haare sträuben, wenn er zu Lebzeiten gewußt hätte, dass sein Grabstein später rechts hinter dem Chor der Pankratiuskirche in Hamm-Mark unmittelbar neben einer ominösen mittelalterlichen Kritzelei an der Chorwand stehen würde. Außer einer Klage auf Bernhard von Horstmar, einem westfälischen Ritter aus dem 13. Jahrhundert, ist dort ein probates Rezept gegen Haarausfall zu lesen, das einst ein Pfarrer von Mark offensichtlich als freundliche Nachlassgabe für seine Nachfolger eingeritzt hatte.

Dem preußischen Generalleutnant, dem für seine Verdienste im Siebenjährigen Krieg von 1756 bis 1763, vor allem für seine erfolgreiche Verteidigung der Festung Torgau vom 10. bis 13. August 1759, von

Generalleutnant Carl Friedrich Freiherr von Wolffersdorff (1716-1781) gilt als ideenreicher, wenn auch durch seine Strenge umstrittener Kommandeur des in Hamm stationierten preußischen Regiments zu Fuß Nr. 9. Er gründete die Ostenallee, an der die Hammer Kanzleien der „Sozietät Dr. Eick & Partner" stehen. Das Gemälde befindet sich seit 1890 in der Sammlung des Hammer Gustav-Lübcke-Museums.   *Foto: Gustav-Lübcke-Museum*

Friedrich dem Großen 1763 als besondere Ehrengabe das Oberkommando über das in Hamm stationierte Regiment Nr. 9 zu Fuß verliehen worden war, neigte allerdings weniger zu derartigen Späßen als der Marker Pastor. Er war ein äußerst strenger Offizier, der bei seinen Soldaten die Zügel straff anzog, jeden Ungehorsam, jede Aufsässigkeit hart bestrafte und auch mit Vorliebe das „Spießrutenlaufen" bei wieder aufgegriffenen Deserteuren anwandte. Zeitweise lagen bis zu 700 Soldaten in der von etwa 1700 Bürgern und Bürgerinnen bewohnten Stadt Hamm, die zum größten Teil in ihren Häusern einquartiert waren. Sie wohnten meist in den Dachgeschossen, deren Räume abends von den Hausbesitzern abgeschlossen werden mussten, damit die zum Militärdienst gezwungenen Soldaten nicht desertieren konnten.

Denn Kasernen gab es zunächst noch nicht. Dafür sorgte erst später Wolffersdorff: Er ließ 1772 das noch stehende Mauerwerk der ehemaligen Burg Mark – heute Burghügel Mark – abtragen und mit den Steinen eine Kaserne in der Nähe des Westentores am Südenwall im Gebiet des heutigen Verwaltungsgebäudes der Stadtwerke Hamm errichten. So beendete Wolfersdorff die für die Einwohner Hamms so ärgerlichen Einquartierungen. Sein Regiment füllte er durch harte Rekrutierungsmaßnahmen auf, sodass viele junge Männer der Grafschaft Mark über die Lippe-Grenze ins Fürstbistum Münster flohen und sich in Sicherheit vor der preußischen Gewaltkur brachten.

Auch in der Stadt führte Generalleutnant von Wolfersdorff buchstäblich das Regiment. Die Regimentswache war mitten in der Stadt am Marktplatz stationiert, sodass er mit seinen Soldaten alle Vorgänge im Auge behalten konnte. Er beseitigte den Schutt und Abfall von den Straßen und bemühte sich um die Verschönerung des Stadtbildes. In der Nähe des Exerzierplatzes im Hammer Osten legte er die aus vier Baumreihen bestehende Lindenallee an, die bis heute als Ostenallee zu den markanten Straßenzügen Hamms zählt. Auch die Gründung des im Laufe der Jahre immer mehr erweiterten Kurparks geht auf Wolffersdorff zurück.

Als Generalleutnant von Wolffersdorff, der privat in der ihm 1768 vom preußischen König geschenkten, zum Kirchspiel Mark gehörenden Domäne Ostholz in Hamm-Werries lebte, im Jahr 1781 starb, fand er auf eigenen Wunsch seine letzte Ruhestätte im südwestlichen Bereich des Langhauses der Marker Dorfkirche. Erst seit 1909 steht seine Grabplatte mit einem anspringenden Wolf als Wappen an der rechten Chorwand.

Das einzige erhaltene Bildnis des Generalleutnants von Wolfersdorff hing früher in der Pankratiuskirche, doch 1853 nahm das Presbyterium Anstoß an dem in Galauniform dargestellten preußischen Offizier und forderte seinen in Arnsberg lebenden Sohn auf, das Gemälde zu entfernen: „...wegen des militärischen Kostüms, was zu der anderen Umgebung nicht passt." Das Bild gelangte als Geschenk des Sohnes an die Stadt Hamm und wurde im Flur des historischen Rathauses am Markt aufgehängt. Dann kam es 1926 in das Hammer Städtische Museum, entging so der Zerstörung des Rathauses im Zweiten Weltkrieg und schmückte später lange Jahre den Treppenhaustrakt von Schloss Oberwerries, bis es endgültig im Gustav-Lübcke-Museum seinen Platz fand.

Die Figur der „Justitia" hat der Hammer Künstler Dusan Jovanovic auf einer großflächigen Außenwand der zum Stammhaus der „Sozietät Dr. Eick & Partner" gehörenden Villa Petzoldt in einer kontrastreichen modernen Farbkomposition dargestellt. Das Gemälde bringt – ebenso wie die Statue dieses Symbols der Gerechtigkeit im Foyer des Stammhauses – die Bemühungen der Sozietät um eine ausgewogene Rechtsfindung zum Ausdruck.   *Foto: Heinz Feußner*

Das Foyer des im Jahr 2002 erweiterten Hammer Oberlandesgerichts ist in der Höhe und Weite der Glaskonstruktion ein beispielhaftes Werk moderner Architektur. *Foto. Heinz Feußner*

Blick auf die Front des Oberlandesgerichts Hamm nach der Modernisierung im Jahr 2002. Das Gericht beschäftigt heute etwa 900 Personen und hat eine Raumnutzungsfläche von 35.000 Quadratmetern. Das OLG Hamm ist das größte Oberlandesgericht in Deutschland und umfasst eine Bezirksfläche von 22.500 km und eine Bevölkerung von mehr als neun Millionen Menschen. Der OLG-Bezirk Düsseldorf hat nur 5.000 km, der OLG-Bezirk Köln 7.400 km.

Foto: Heinz Feußner

Die Kanzlei Bochum der Sozietät Dr. Eick & Partner hat seit Juni 2005 das Gebäude in der Massenbergstraße 17 bezogen. Die Kanzlei stellt ihr Domizil in einer künstlerisch inspirierten Aufnahme vor.

Standort Bochum

Aus der Gründerzeit Anfang des 20. Jahrhunderts stammt das Gebäude der Dresdner Kanzlei der „Sozietät Dr. Eick und Partner".

Standort Dresden

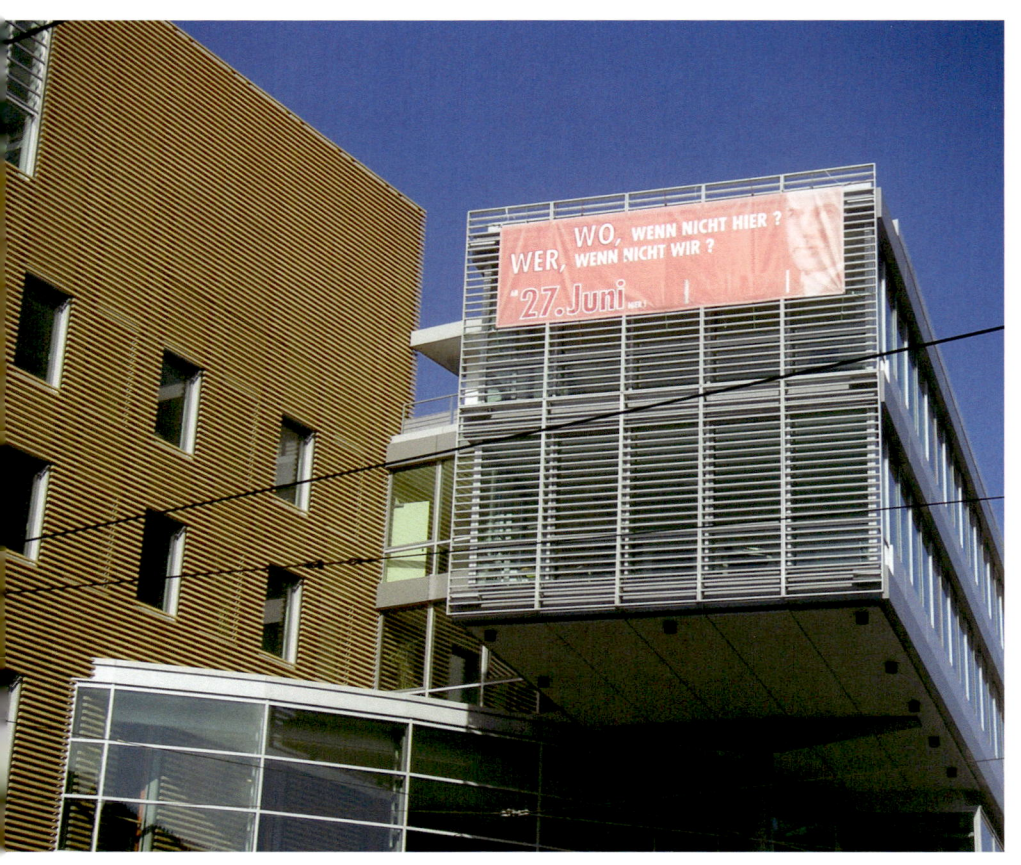

Am Anger 63 residiert die Erfurter Kanzlei der „Sozietät Dr. Eick & Partner" in einem architektonisch beeindruckenden Gebäude.

Standort Erfurt

Eine denkmalgeschützte Villa aus dem Beginn des 20. Jahrhunderts ist seit dem Jahr 2005 der Sitz des Standortes Naumburg der „Sozietät Dr. Eick & Partner".

Standort Naumburg

Der Standort Schwerin der „Sozietät Dr. Eick & Partner" hat seit Anfang 2005 seine Kanzlei in einer nur 200 Meter vom Amts- und Landgerichtsgebäude entfernten klassischen Stadtvilla gefunden.

Standort Schwerin

Die „Sozietät Dr. Eick & Partner": Seit Jahrzehnten kompetent auf vielen Fachgebieten

Interview mit Prof. Dr. Karl Otto Bergmann

Frage:
Bei Gründung der Kanzlei durch Dr. August Eick im Jahr 1908 war sie auf das Oberlandesgericht Hamm focussiert. Wie entwickelte sich das Haftungsrecht zu einem Schwerpunkt der Sozietät?

Prof. Dr. Bergmann:
Dr. August Eick hatte im Jahr 1908 die Kanzlei als Singularkanzlei beim Oberlandesgericht Hamm gegründet. Es gehörte zum Ehrenkodex, dass der Anwalt beim Königlichen Oberlandesgericht keine Termine beim Amtsgericht wahrnahm, was ja möglich war. Ebenso war eine gemeinsame Bearbeitung von Sachen mit einem Landgerichtsanwalt ausgeschlossen, genau so, wie der Singularanwalt beim Oberlandesgericht auch keine notarielle Tätigkeit wahrnahm, sich also nicht als Anwaltsnotar zuließ. Das blieb so bis nach dem Zweiten Weltkrieg.

Im ersten Jahrzehnt des Bestehens der Praxis war das Haftungs- und Versicherungsrecht kein Hauptarbeitsgebiet. Im Vordergrund standen das zivile Wirtschaftsrecht, so das Kartellrecht, das Aktienrecht und das Bergrecht. Bald wurde die Kanzlei aber auch von den Versicherern in Haftungssachen beauftragt, für den einfachen Verkehrsunfall ebenso wie für die Verkehrssicherungspflicht. Wenige Jahre nach Gründung der Praxis schlossen sich in unterschiedlichen Figurationen Kommunen und Kreise zu Haftungsgemeinschaften, sogenannten Kommunalen Schadensausgleichen, zusammen, um das Haftungsrisiko auf viele Schultern zu verteilen. Von Beginn an wurde die Kanzlei Dr. August Eick von den Kommunalversicherern mit der Wahrnehmung der Interessen in zweiter Instanz beim Oberlandesgericht Hamm beauftragt.

Auch in den Folgejahrzehnten beschäftigte sich die Kanzlei zweitinstanzlich mit anderen juristischen Gebieten des Zivilrechts, aber nicht des Strafrechts. Dies war schon dadurch bedingt, dass das Gros der Berufungssachen aufgrund von Aufträgen der erstinstanzlich tätigen Korrespondenzanwälte in die Praxis Eick kam. Nur ein kleinerer Teil der Zivilsachen zweiter Instanz beruhte auf Aufträgen der Versicherungswirtschaft. Die Vertretung der Mandantschaft in anderen Rechtsgebieten war also schon zwangsläufig dadurch eingeschränkt, dass die Korrespondenzanwälte, die nicht selbst beim Oberlandesgericht tätig werden durften, vertrauensvoll ihre Zivilsachen den Oberlandesgerichtsanwälten übertrugen. Diese Prozesssachen kamen natürlich aus allen Rechtsgebieten des Zivilrechts vom Verkehrshaftpflichtrecht bis zum Landwirtschaftsrecht. So hatte auch das Westfälische Hoferbenrecht traditionsgemäß seine Bedeutung in der Praxis.

Spezialisierung im Haftungsrecht

Frage:
Wie entwickelte sich die Spezialisierung der Sozietät bis zu ihrem späteren und heutigen Aufgabenspektrum?

Prof. Dr. Bergmann:
Die heutige Spezialisierung konnte erst einsetzen, als die Sozietät von 1980 an, als sie vier Anwälte umfasste, bis 1990 auf elf Anwälte angewachsen war. In den 1980er-Jahren bildeten sich erste Fachanwaltschaften. In unserer Sozietät wurde als erstem dem Kollegen Dr. Mennemeyer die Berechtigung zur Fachanwaltsbezeichnung (Fachanwalt für Arbeitsrecht) verliehen, sodann dem Kollegen Schumacher als Fachanwalt für Verwaltungsrecht. Heute führt rund ein Drittel aller Anwälte unserer Sozietät eine oder zwei Fachanwaltsbezeichnungen. Die Verlagerung der Familiengerichtsbarkeit vom Landgericht zum Oberlandesgericht führte zur Spezialisierung in der Familiengerichtsbarkeit, die aber in der Gesamtentwicklung der Sozietät nur als eine Episode anzusehen ist, zumal seit dem Jahr 2002 mit dem Wegfall der Singularzulassung bei dem Oberlandesgericht die Anwälte erster Instanz auch die Familiensachen zweiter Instanz selbst weiter bearbeiten können.

Die Enthüllung der eleganten, ausdrucksstarken Plastik im Garten der zur „Sozietät Dr. Eick & Partner" gehörenden Petzoldt-Villa in der Ostenallee 137 wurde im Jahr 2002 festlich vollzogen. Unser Foto rechts zeigt den Künstler Dusan Jovanovic vor der Enthüllung. Neben ihm der Seniorpartner Dr. Karl Otto Bergmann.

Mit Stolz betrachtet Dr. Karl Otto Bergmann das neue Kunstwerk, das die bereits vom gleichen Künstler geschaffenen Figuren und Bilder in der Kanzlei ergänzt.

Zur weiteren Spezialisierung trug die Tatsache bei, dass nach meinem Eintritt in die Sozietät im Jahr 1973 der Bereich des Haftungs- und Versicherungsrechts ausgedehnt werden konnte. Das Arzthaftungsrecht entwickelte sich mit der Änderung der Rechtsprechung zur Patientenaufklärung, zur Dokumentation und zum Organisationsverschulden sprunghaft und führte zu einem starken Anstieg der Arzthaftungsprozesse. Während ein Arzthaftungsfall über Jahrzehnte als Rarität betrachtet werden musste, änderte sich dies seit den 1970er-Jahren. Zu diesem Zeitpunkt wurden auch die Gutachterkommissionen und Schlichtungsstellen bei den Ärztekammern eingerichtet, die dem Wandel in der Arzt-/Patientenbeziehung Rechnung tragen mussten.

Frage:

Welche Aufgaben haben Sie, Herr Professor Dr. Bergmann, übernommen, als Sie 1973 in die Sozietät Dr. Eick eintraten?

Prof. Dr. Bergmann:

Als ich in die Praxis eintrat, habe ich nahezu von Beginn an im Bereich des Verkehrshaftpflichtrechts die Betreuung verschiedener Versicherer übernommen, wobei die etwa ab Mitte der 1970er-Jahre zunehmende Arzthaftpflicht zu einem neuen Aufgabenbereich für mich führte. Während sich Rechtsanwalt Wältken mehr dem Verkehrshaftpflichtrecht zuwandte, übernahm ich von Dr. Ernst Eick – der Praxisgründer war ja bereits verstorben – den Tätigkeitsbereich der Arzthaftpflicht. Bereits als Referendar hatte ich Berufungsbegründungen und Berufungserwiderungen im Rahmen eines freien Mitarbeiterverhältnisses entworfen, da der Umfang der Praxis immer mehr zunahm und freie Mitarbeiter gesucht wurden. Rechtsanwalt Dr. Eick und Rechtsanwalt Wältken hatten meine Tätigkeit schätzen gelernt, sodass ich nach dem Assessorexamen und dem Abschluss der Promotion sofort als dritter Sozius in die Praxis eintreten konnte. Der Bedarf war groß, eine Probezeit oder Angestelltenzeit erübrigten sich.

Frage:

In den folgenden Jahren entwickelte sich die Sozietät dynamisch. Weitere Partner traten in die Sozietät ein. Wie kam es dazu?

Die Innenarchitektur des Chefbüros im Stammhaus der „Sozietät Dr. Eick & Partner" entspricht bis heute der Jugendstil-Ausstattung der Anfang des 20. Jahrhunderts erbauten Villa. Von hier aus leitet Prof. Dr. Karl Otto Bergmann die in neun Standorten tätige Sozietät.
Foto: Heinz Feußner

Prof. Dr. Bergmann:

Es war keineswegs geplant, die Sozietät in größerem Rahmen zu erweitern. Sie verstand sich damals nicht als ein Unternehmen, das langfristig Expansionsziele durchsetzen musste, sondern als Zusammenschluss von Individualisten. Eine Aufstockung war nur bei weiterem Bedarf beabsichtigt. Dieser Bedarf ergab sich allerdings schon im Jahr 1980, weil zunehmend auch Architektenhaftpflichtsachen, die erheblichen Aufwand verlangten, von den Versicherern in Auftrag gegeben wurden.

Von Beginn an lag hier ein Schwerpunkt unseres Kollegen Hermann Schumacher, der mit mir den weiteren Schwerpunkt im Bereich der Amtshaftung der Gemeinden abdeckte. In glänzender Weise verstand es Rechtsanwalt Schumacher, sich in das Architekten- und Baurecht einzuarbeiten und weitere Versicherer für unsere Sozietät zu gewinnen.

Im Bereich der Kommunalhaftung war bereits Mitte der 1970er-Jahre der Versicherungsverband für Gemeinden und Gemeindeverbände in Köln einer unserer Hauptmandanten geworden, sodass wir nunmehr nicht nur die Großstädte des OLG-Bezirks Hamm wie Dortmund, Essen, Münster, Bielefeld, Hagen und Hamm vertraten, sondern auch die kleineren Gemeinden sowie die Kreise und Gemeindeverbände. Unsere Domäne wurde also zweifelsfrei das kommunale Haftungsrecht. Unsere Erfahrungen haben Kollege Schumacher und ich in dem Handbuch zur Kommunalhaftung niedergelegt, das 1991 erstmals erschien und heute als Standardwerk in diesem Rechtsgebiet gilt.

Standorte in den neuen Bundesländern

Frage:

Hängt damit ab 1990 auch Ihr Engagement in den neuen Bundesländern zusammen, in denen Sie mehrere neue Standorte Ihrer Sozietät gründeten?

Prof. Dr. Bergmann:

Hier ergeben sich unmittelbare Verknüpfungen. Unsere vertieften Kenntnisse des kommunalen Haftungsrechts konnten wir – insoweit darf auch unsere Praxis von einer „Wende" sprechen – mit der Gründung des Kommunalen Schadensausgleichs für die neuen Bundesländer im gesamten Bundesgebiet nutzbringend anwenden. Der Kommunale Schadensausgleich für die neuen Länder, der zunächst von einer Interimsgeschäftsstelle in Köln verwaltet wurde, nahm bald in Berlin seine Arbeit für die Gemeinden und Gemeindeverbände in den neuen Bundesländern auf. Für uns ergab sich zwar kein neues, aber ein sehr variiertes Arbeitsgebiet. In diesem Zusammenhang möchte ich besonders die Bereitschaft unseres Sozius Uwe Human erwähnen, für uns in Dresden eine Anwaltspraxis zu eröffnen.

Da wir über den Kommunalen Schadensausgleich alle Gemeinden in den neuen Bundesländern betreuten, also von Zwickau bis Usedom, von Cottbus bis zum kleinsten Dorf in Thüringen, nahm die Zahl der Haftungssachen der Gemeinden rasant zu. Es bedurfte auch großen logistischen Aufwandes, die unerhörte Steigerung der Zahl dieser Sachen zu bewältigen. Mit der stetigen Zunahme der Haftpflichtsachen aus den neuen Bundesländern verschob sich die Gewichtung der OLG-Prozesse. Der zahlenmäßige Anteil der von Hamm aus in den neuen Bundesländern vor den Kreis-(später Amts-) gerichten und Bezirks-(später Land-) gerichten geführten Prozesse wuchs beständig gegenüber dem Anteil der OLG-Rechtsstreite.

Nach dem Wegfall der Singularzulassung 2002 ist naturgemäß der Anteil der OLG-Verfahren weiter kräftig gesunken. Der zahlenmäßige Anteil der Prozesse beim OLG Hamm belief sich im Jahr 2007 nur auf 12,83 Prozent. So ist also durch die „Wende" einerseits und durch den Verlust der Singularzulassung andererseits, also durch Freud und Leid, aus der einstigen Singularpraxis Dr. Eick beim OLG Hamm inzwischen eine in ganz Deutschland tätige Praxis mit Schwerpunkt im Haftungs- und Versicherungsrecht geworden.

Frage:
Welche Schwierigkeiten ergaben sich bei der Ausdehnung Ihrer Arbeit auf die neuen Bundesländer, bei denen in der DDR-Zeit ja andere Rechtsverhältnisse vorlagen?

Prof. Dr. Bergmann:
Schwierigkeiten in der Rechtsanwendung ergaben sich naturgemäß schon daraus, dass die Verhältnisse in den alten Bundesländern, die etwa zu strengen Anforderungen an die Verkehrssicherungspflicht geführt hatten, in den neuen Bundesländern nicht in gleicher Weise Anwendung finden konnten. Die Verkehrsverhältnisse waren zunächst desolat. So war es beispielsweise undenkbar, die Rechtsprechung zur Verletzung von Verkehrssicherungspflichten bei Unterschieden im Bodenbelag von mehr als zwei Zentimetern ohne Weiteres auf die Verhältnisse in den neuen Bundesländern zu übertragen. Es galt, an die erforderliche Eigensorgfalt des Verkehrsteilnehmers erhöhte Anforderungen zu stellen und das Maß der Verkehrssicherungspflicht auf ein auch die finanziellen Verhältnisse nicht übersteigendes Maß zurückzuführen. In tausenden von Fällen war es unsere Aufgabe, den Haftungsmaßstab gemeinsam mit den Gerichten der neuen Bundesländer zu justieren – eine interessante Aufgabe, die als eine der wichtigsten Aktivitäten der Sozietät Dr. Eick betrachtet werden darf.

Auch der Standard in den Krankenhäusern – viele Krankenhäuser in der ehemaligen DDR waren kommunale Krankenhäuser – konnte hinsichtlich der Ausstattung, dem Equipment und der Organisationsverantwortung nicht den strengen Maßstäben der Arzthaftung, wie sie der 6. Senat des Bundesgerichtshofs geprägt hatte, genügen. Auch hier mussten wir im Einzelfall korrigierend eingreifen. Andererseits müssen wir, rückblickend betrachtet, eine interessante Einrichtung des ehemaligen DDR-Rechtes vermissen, die sogenannte billige Entschädigung bei unerwünschten Patientenschäden, die ein Verschulden des Arztes nicht voraussetzt (EMUR). Ich könnte mir vorstellen, dass mancher Haftungsprozess, in dem ein Verschulden des Arztes nicht festgestellt wird, durch eine niedrige Entschädigung sinnvoll, unkompliziert und unbürokratisch abgeschlossen und damit eine zusätzliche Befriedigungsfunktion erreicht werden könnte.

Es war nicht immer von Vorteil, dass das Rechtssystem der Bundesrepublik Deutschland plötzlich ohne „wenn und aber" in allen fünf neuen Ländern galt. Es muss im Nachhinein als bemerkenswerte Leistung auch der Bürger der neuen Länder angesehen werden, dass das bundesrepublikanische Rechtssystem ohne größere Einbußen, Widerstände oder Frustration von der Bevölkerung rezipiert wurde.

Von Dresden bis Schwerin

Frage:
Im Zuge Ihrer Aktivitäten in den neuen Bundesländern wurden dort von der Sozietät Dr. Eick mehrere Standorte gegründet. Wie entwickelte sich dieser Prozess?

Prof. Dr. Bergmann:
Durch die ständige Betreuung des Kommunalen Schadensausgleichs Berlin und die Vertretung zahlreicher anderer deutscher Versicherer in Rechtsstreiten war die Sozietät Eick in erstaunlichem Umfang in den neuen Bundesländern engagiert. Nach einer Kooperation bereits im Frühjahr 1990 in Döbeln wurde im Februar 1992 als erste Niederlassung in den neuen Bundesländern die Kanzlei Dresden eingerichtet und im Januar 1995 die Kanzlei Brandenburg eröffnet. Im Juli

1995 folgten die Kanzlei Erfurt, im Januar 1997 die Kanzlei Rostock, im Oktober 2000 die Kanzlei Naumburg und im Juni 2002 die Kanzlei Schwerin, also unmittelbar vor dem endgültigen Wegfall der Singularzulassung am 1. Juli 2002.

Wenn ich es zusammenfassen will, so lässt sich sagen, dass die politische Entwicklung Deutschlands und die dadurch bedingte rechtliche Kompliziertheit der tatsächlichen Verhältnisse unsere besondere Kompetenz im Kommunalhaftungsrecht und sonstigen Haftungsrecht forderten, wir aber gleichzeitig diese Entwicklung durch besonderes Engagement gefördert haben. Die Gründung der Kanzleien in den neuen Bundesländern war naturgemäß auch eine logistische Herausforderung, die die Bereitschaft aller Sozien zu Innovationen und großem Engagement verlangte. Wir haben seit 1990 die Entwicklung der neuen Bundesländer „hautnah" erlebt und in Teilbereichen mit geprägt, eine Erfahrung, die ich heute nicht missen möchte, auch wenn das Anekdotische eher in der Erinnerung bleibt.

So erinnere ich mich an die Kleinst-Büroräume des Kommunalen Schadensausgleichs in der Mohrenstraße in Berlin in der Nähe der chinesischen Botschaft. So erinnere ich mich an Übernachtungen in den Plattenbauten Dresdens mit einer morgendlichen Flucht um fünf Uhr in die Sächsische Schweiz. So erinnere ich mich auch an die Besiegelung eines Kooperationsvertrages mit dem Kollegen Heuse nicht in Döbeln, sondern auf einem sächsischen Schloss oder an eine Fahrt mit einem Wirtschaftsprüfer durch Sachsen mit dem Ziel, zu erkunden, ob auch eine von diesem gewünschte Kooperation zwischen Wirtschaftsprüfung und Rechtsanwaltsbüro in Betracht kam.

Ich erinnere mich an die ersten Besuche in Erfurt, die zeigten, dass Erfurt eine der schönsten Städte Deutschlands war und ihre Altstadt bei noch rechtzeitiger Sanierung ein Kleinod würde. Ich erinnere mich an viele Stunden in Berlin, die verdeutlichten, dass Berlin in der Tat die Hauptstadt Deutschlands ist und dass auch der Ostteil der Stadt unermessliche Schätze birgt, die gehoben werden müssen, wie z. B. das Medizinmuseum in der Charité, der Hörsaal der Kaiserin-Friedrich-Stiftung, in dem ich mehrfach referieren durfte, oder die Tagungsräume des Kommunalen Schadensausgleichs in verschiedenen Ostberliner Gebäuden mit interessanten Übergängen von der DDR-Kunst und westlicher Architektur.

So viel Freiheit wie möglich

Frage:
Wie lässt sich eine so weitläufige Anwaltspraxis organisieren? In welchem Maße arbeiten die einzelnen Standorte selbstständig? Gibt es Schwierigkeiten in der Koordination?

Prof. Dr. Bergmann:
Die Sozietät Dr. Eick hat sich bemüht, trotz der stark veränderten Rahmenbedingungen die bisherige Struktur im Wesentlichen beizubehalten. So blieb die Sozietät eine Gesellschaft Bürgerlichen Rechts, obwohl inzwischen viele Rechtsanwaltsgesellschaften in Form der GmbH, der AG oder der Partnerschaftsgesellschaft gegründet wurden. Es blieb unsere Philosophie, dem einzelnen Sozius und Mitarbeiter möglichst viele Freiheiten zu gewähren und die Entfaltung des einzelnen Mitarbeiters nicht zu behindern. Bisweilen wäre eine straffere Führung wirtschaftlicher gewesen, aber um den Verlust der persönlichen Freiheit. Dabei ist nicht zu verkennen, dass eine Gesellschaft von drei Anwälten im Jahr 1973 andere Managementstrukturen erfordert als eine Gesellschaft, die aus nahezu sechzig Anwälten besteht.

Die verschiedenen Standorte arbeiten in größtmöglicher Selbstständigkeit. Die Rechtsstreite werden je nach Teilgebiet zentral bearbeitet und von den einzelnen Standorten vor den Gerichten vertreten. Dabei ist die Weisungsbefugnis des „Mutterhauses" in Hamm naturgemäß beschränkt, aber Buchhaltung, EDV und Vernetzung sollen die technische Grundlage für eine gemeinsame „Corporate Identy" bewirken. Dafür ist allerdings anderes wesentlich: Traditionsbewusstsein, Verpflichtung auf gemeinsame Qualitätsstandards, Teamarbeit. Naturgemäß gibt es immer Schwierigkeiten in der Koordination, aber mit dem Engagement aller bisherigen Sozien wird sich die Praxis Dr. Eick, wie wir hoffen, sicherlich weiterhin gut entwickeln.

Dies gilt um so mehr, als wir nunmehr zusätzlich in Bochum und in München Niederlassungen gegründet haben, die ebenfalls im Sinne einer Eick-Identität geführt werden müssen. Wir haben einen Sozietätsausschuss, dem acht Mitglieder der Sozietät angehören und der sich bemühen soll, die Koordinierung der Standorte weiter voranzutreiben.

Insgesamt aber dürfen wir mit Stolz vermerken, dass wir trotz des raschen und teils erstaunlichen Wachstums unsere Identität als „Boutique" mit Schwerpunkt des Haftungs- und Versicherungsrechts beibehalten haben.

Dabei soll nicht verschwiegen werden, dass wir weitere Abteilungen haben, die bisher noch nicht genannt wurden, nämlich die arbeitsrechtliche und kommunalberatungsrechtliche Abteilung. Die erstere wurde nach dem Eintritt von Dr. Mennemeyer im Januar 1983 deutlich erweitert und auch nach seiner Berufung zum Rechtsanwalt beim Bundesgerichtshof – insbesondere mit der Vertretung zahlreicher Krankenhäuser in arbeitsrechtlichen Streitigkeiten und Beratungsangelegenheiten – systematisch verstärkt. Zugleich gelang es uns, mit Dr. Heß und Dr. Burmann zwei ausgewiesene Verkehrsrechtsspezialisten einzusetzen, die mit bundesweitem Bekanntheitsgrad unsere Arbeit erfolgreich für die Privatversicherungswirtschaft umsetzen. Damit erreichten wir, nicht nur im Bereich der Kommunalhaftung und der Arzthaftung, sondern auch im Bereich des Verkehrshaftpflichtrechtes zu den führenden Kanzleien in Deutschland zählen zu dürfen. Die Zahl der in Erfurt und Bochum tätigen Anwälte wird, wenn die Entwicklung fortschreitet, recht bald zweistellig sein.

Frage:
Wenn Sie zurück in die Geschichte der Kanzlei blicken, sind sicherlich besondere Schnittpunkte der Entwicklung in Ihrer Erinnerung haften geblieben. Können Sie vielleicht einige markante Erlebnisse nennen?

Prof. Dr. Bergmann:
Blickt man in die Geschichte der Kanzlei zurück, so bleiben zweifellos besondere Schnittpunkte der Entwicklung im Gedächtnis haften. Das gilt einmal für den September 1983, als die Praxis aus den Räumen des Seniors von der Brückenstraße in die Villa Schützenstraße 10, einem Schmuckstück des Jugendstils, verlegt wurde. Dies ermöglichte den weiteren Ausbau der Praxis, insbesondere als auf dem gegenüberliegenden Grundstück Ostenallee 137 eine Bauhaus-Villa mit einem modernen Praxisgebäude dazu erworben werden konnte. Ein weiterer Schnittpunkt, an den ich denke, ist natürlich die Wiedervereinigung Deutschlands 1990, die es uns ermöglichte, die Beratung und Vertre-

tung der Gemeinden in den neuen Bundesländern zu übernehmen. Sie führte zur starken Ausweitung der Sozietät Dr. Eick nach Osten.

Für mich persönlich war natürlich auch die Ernennung zum Honorarprofessor im Oktober 2005 ein wichtiges Ereignis, zeigte sie doch zugleich für die Praxis die Möglichkeit der Arbeit für die Ärzteschaft, verbunden mit wissenschaftlicher Vertiefung. Als weiteren Schnittpunkt möchte ich die Ernennung unseres Sozius Dr. Siegfried Mennemeyer zum Rechtsanwalt beim Bundesgerichtshof in Karlsruhe im Juli 2007 nochmals hervorheben. Dr. Mennemeyer hat mit großem Erfolg unsere arbeitsrechtliche Abteilung aufgebaut. Er wird uns in Zukunft als Of Counsel beratend zur Seite stehen. Der Schritt zur Eröffnung der Kanzlei München am 1. Juli 2007 soll nun auch im Süden der Bundesrepublik neue Arbeitsfelder erschließen. Die neue Kanzlei weist in die Zukunft und wird vor allem die überregionale Zusammenarbeit mit der Versicherungswirtschaft und ihren Versicherungsnehmern stärken.

Das Interview führte Günter Beaugrand

Faust auf Eick

Literar-historischer Rück- und Ausblick auf die Geschichte der Anwaltssozietät Dr. Eick & Partner GbR
von Rechtsanwalt Hermann Schumacher

„Ach Gott! Die Kunst ist lang!
Und kurz ist unser Leben."

Anstelle eines Prologs im Himmel und anstatt eines Sozietätsvertrages:

„Eure Liebe sei ohne Heuchelei. Verabscheut das Böse, haltet fest am Guten! Seid einander in brüderlicher Liebe zugetan, übertrefft euch in gegenseitiger Achtung! Lasst nicht nach in eurem Eifer, lasst euch vom Geist entflammen, dient dem Herrn! Seid fröhlich in der Hoffnung, geduldig in der Bedrängnis, beharrlich im Gebet! Helft den Heiligen, wenn sie in Not sind; gewährt jederzeit Gastfreundschaft! Segnet eure Verfolger; segnet sie und verflucht sie nicht! Freut euch mit den Fröhlichen und weint mit den Weinenden! Seid untereinander eines Sinnes; strebt nicht hoch hinaus, sondern bleibt demütig! Haltet euch nicht selbst für weise! Vergeltet niemand Böses mit Bösem! Seid allen Menschen gegenüber auf Gutes bedacht! Soweit es euch möglich ist, haltet mit allen Menschen Frieden!" (Röm. 12,1-2.9-18)

Der Alltag

Europa – ein Block mit fünfzig Blatt holzfreiem weißem Schreibpapier, beim Aufräumen des verkrusteten Innenlebens meines Schreibtisches wiedergefunden – liegt auf meinem niederländischen Tisch und erinnert mich an das Gedicht von Eugen Roth, das unser verstorbener Senior Dr. Ernst Eick so gern zitierte und nach dem bekanntlich kaum etwas so störrisch ist wie ein unbeschriebenes Blatt Papier:

*„Ein Mensch sitzt hier kummervoll und stier
Vor einem weißen Blatt Papier.
Jedoch vergeblich ist das Sitzen –*

Auch wiederholtes Bleistiftspitzen
Schärft statt des Geistes nur den Stift.
Selbst der Zigarre bitt'res Gift
Kaffee gar, kannenvoll geschlürft,
Den Geist nicht aus der Tiefe schürft.
Darinnen er gemein verbockt,
Höchst unzugänglich einsam hockt.
Dem Menschen kann es nicht gelingen,
Ihn auf das leere Blatt zu bringen.
Der Mensch erkennt, dass es nichts nützt,
Wenn er den Geist an sich besitzt,
Weil Geist uns ja erst Freude macht
Sobald er zu Papier gebracht."

Gegen die Sperrigkeit der Materie half dem Senior oft – nicht anders als in der dichterischen Vorlage – eine starke Zigarre. So wurde im Laufe der Zeit viel blauer Dunst erzeugt, aber auch hart gearbeitet im Gebäude Brückenstraße 19 in Hamm, das ich Anfang Dezember 1979 erstmals betrat. Die Praxisräume lagen im Erdgeschoss, in der obersten Etage wohnte Dr. Eick mit seiner geliebten Frau Helga („Helgalein") und seiner jüngsten Tochter Gesa. Der Weg zur Arbeit war also für den Senior äußerst kurz, eine Pendlerpauschale kam nicht in Betracht, wohl aber sorgte später eine schwer erklärbare Pauschale für die Führung der Praxis für Gesprächsstoff unter den Sozien.

Empfang im Smoking

Daran war im Dezember 1979, als ich die Praxisräume erstmals zu einem Vorstellungsgespräch betrat, nicht zu denken. Dr. Eick empfing mich in seinem zur Brückenstraße gelegenen Arbeitszimmer, zu meiner nicht geringen Überraschung festlich gekleidet im Smoking, nicht meinetwegen, sondern weil er gleich noch zu einem Empfang aus Anlass des 70. Geburtstages des Kollegen Schulz, der nebenan seine Praxis betrieb, müsse. So war denn auch schnell miterklärt, dass er, Eick, bereits 70 sei und ein junger Kollege zu seiner Entlastung gesucht werde.

Rechtsanwalt Hermann Schumacher ist seit 1981 Partner der „Sozietät Dr. Eick & Partner".
Foto: Heinz Feußner

Das Eick'sche Arbeitszimmer war nicht spartanisch, aber durchaus bescheiden eingerichtet. Ein dunkler Büroschreibtisch, ein großer Schrank, kleine Regale und – dominierend – das Porträt seines Vaters August an der Wand hinter dem Schreibtisch und rechter Hand der vom Vater ererbte Flügel, zu dem er, wie er sagte, den Schlüssel verlegt hatte, um Missverständnisse in Bezug auf sein eigenes musikalisches Talent zu vermeiden. Dennoch symbolisierte der Flügel, den wir in der Tat nie haben klingen hören, eine Verbindung von Juristerei und Musik, die mich für die Praxis Eick einnahm (Wenn du singst, wie willst du hassen?). Ebenso auch Eick's – nicht ganz unberechtigte – Sorge, ich könnte es doch am Rhein schöner finden als in Hamm und der ehrliche Hinweis, Berufsanfänger verdienten in den „Großpraxen" in Köln und

Düsseldorf – in denen damals vielleicht gut zwanzig Anwälte arbeiteten! – mehr als in Hamm. Dafür seien aber auch die Lebenshaltungskosten, insbesondere die Wohnungsmieten, in der Provinz niedriger.

Eine „Insel der Seligen"

Was die Singularzulassung der Rechtsanwälte beim Oberlandesgericht Hamm angehe, meinte Eick offen und gerade heraus, man lebe hier noch auf einer „Insel der Seligen, wer weiß wie lange noch." Im OLG-Bezirk Hamm sei die Welt noch in Ordnung, die Arbeitsteilung zwischen den erstinstanzlich zugelassenen und den OLG-Anwälten funktioniere gut, in den rheinischen Großstädten gebe es demgegenüber bereits viele Mischpraxen. Klar sei aber, dass die Singularzulassung gerade im Interesse der Mandanten im Vergleich mit der in den süddeutschen Ländern herrschenden Simultanzulassung das überlegene System sei. Die Singularzulassung erlaube es dem Berufungsanwalt, die Sache völlig neu und unabhängig von der Bearbeitung des Erstinstanzlers zu durchdringen und rechtlich wie tatsächlich neu aufzubauen. Mich musste der Senior insoweit nicht überzeugen, mir waren die Dinge aus meiner sechsmonatigen Anwaltsstation während der Referendarzeit von meinem dortigen verehrten Lehrherrn, Dr. Winfried Schmitz aus der damaligen Kanzlei Heydt, Vieregge in Köln (später Gaeddertz Rechtsanwälte), vertraut.

Der Praxisrundgang war schnell erledigt. Die Arbeitszimmer der Kollegen Wältken und Dr. Bergmann lagen ebenfalls zur Brückenstraße hin, gartenseitig das große Schreibbüro und ein kleines Zimmer, in dem ich mich als Nachfolger des damaligen Praxismitarbeiters Hermann Viskorf, den es in die Justiz zog und der heute Senatspräsident am Bundesfinanzhof ist, niederlassen konnte, wenn ich denn mochte. Die Praxisausstattung war als durchaus einfach und schnörkelos zu bezeichnen, jedenfalls nicht darauf angelegt, durch äußeren Glanz Mandanten anzulocken oder zum Wiederkommen einzuladen. Ende der 70er-Jahre, als ich beim Deutschen AnwaltVerein (DAV) in Bonn meine ersten beruflichen Schritte machte, waren in der dortigen Geschäftsstelle an der Adenauerallee 106 unter der Ägide des Hauptgeschäftsführers Dr. Demmer und des Präsidenten Dr. Hans Jürgen Rabe die ersten Computer – Nixdorf versteht sich! – eingeführt worden. Davon war an der Brückenstraße noch nichts zu spüren. Es gab auch weder Telex noch Telefax, die IBM-Kugelkopfschreibmaschine war die Speerspitze des technischen Fortschritts. Gisela Wulf, die seit meinem Eintritt in die Praxis Eick, wie ich an dieser Stelle mit großer Dankbarkeit festhalten darf, mein gesamtes Berufsleben stets hilfreich begleitet hat, war ihre ungekrönte Herrin. Es sollte noch bis in die zweite Hälfte der 80er-Jahre dauern, bis dann im neuen Praxisdomizil an der Schützenstraße 10 die ersten Nixdorf-Computer mit für heutige Verhältnisse nahezu unvorstellbar geringer Leistungsfähigkeit installiert wurden.

Gutes Klima im Zigarrenrauch

Das angebotene Einstiegssalär für den gesuchten neuen freien Mitarbeiter war nicht so, dass man sofort hätte zuschlagen müssen. Das muss auch der Senior gespürt haben. Um zur Überzeugungsbildung beizutragen, wies er auf das gute Praxisklima – abgesehen vom Zigarrenrauch – und die familiär mit Kaffee und Kuchen gefeierten Geburtstage hin. Wir seien ja beide Augustkinder, wobei er aber – im Gegensatz zu mir – an seinem Geburtstag immer sagen könne: „Ich und Goethe". Wie Goethe sei er nämlich am 28. August geboren. Ob das letztlich für mich den Ausschlag gegeben hat oder die liebenswürdigen Sozien Wältken und Dr. Bergmann, die sich auch darum bemühten, mir die Vorzüge von Hamm nahe zu bringen, muss offen bleiben. Jedenfalls verließ ich Hamm mit dem sicheren Gefühl, dass diese Praxis mit damals schon über Jahrzehnte gewachsenen Verbindungen zur Versicherungswirtschaft sowie vielen Städten und Kreisen großes Entwicklungspotenzial und breiten Raum für neue Gestaltungskraft bot.

Einer der – Nicht-Hammenser wären vielleicht versucht zu spotten, neben der ICE-Anbindung wenigen – Vorzüge von Hamm sind die kurzen Wege. Die Praxis in der Brückenstraße lag fußläufig zum OLG. Aber auch vom neuen Praxisdomizil in der Schützenstraße 10 (Ecke Ostenallee) zum OLG und zum Hauptbahnhof sind es nur wenige Autominuten. Ungefähr auf halber Strecke liegt auf dem Gelände des ehemaligen Exerzierplatzes heute das „Maximare" – ein großes Spaß- und Freizeitbad. Zum Kanal und zur Lippe hin schließen zwei Sportstadien an. Fast scheint es so, als wollten Sport- und Freizeitanlagen das Gelände des Kommunalfriedhofs an der Ostenallee überdecken. Dort, an der zum Osten hin gelegenen Umfassungsmauer, hat der Senior neben seinem Vater seine letzte Ruhestätte gefunden. Ebenso wie die seines am 17. Dezember 1958 – also ziemlich genau fünfzig Jahre nach der Praxisgründung – verstorbenen Vaters ziert auch seine Grabstätte ein schlichter Grabstein. Während der Grabstein des Vaters auch an den 1942 in Russland vermissten Bruder des Seniors erinnert, prangt auf Eicks Grabstein der Satz: „Es kann die Spur von meinen Erdentagen nicht in Äonen untergehn."

Die Arbeit als Lebensfaden

Unwillkürlich fällt mir dazu der neue Song von Udo Lindenberg (Text: Jan Delay) ein, in dem es heißt: „Eigentlich bin ich ganz anders, ich kann es nur so selten zeigen." Das ist ja gerade deshalb so überzeugend, weil es – mehr oder weniger – auf uns alle zutrifft. Der Senior war jedenfalls in seiner persönlichen Lebensführung äußerst bescheiden, Angeber-Autos kamen nicht infrage, ein Opel-Rekord tat es auch. Liebenswürdig im persönlichen Umgang verfocht er mit Beharrlichkeit und geschickter Argumentation, suaviter in modo, fortiter in re, seinen Standpunkt, was ihm nicht nur bei der Mandantschaft und den Richtern, sondern auch im Kollegenkreis hohes Ansehen eintrug. Jeder Gedanke an anwaltliches Marketing war ihm dabei fremd, die Qualität der Arbeit musste reichen. Bis ins hohe Alter war er in der Praxis tätig, wobei wir ihm mit dem Umzug in die Schützenstraße sicher keinen Gefallen getan haben und es ihm zuletzt auch Mühe bereitete, mit dem Auto von der Brücken- in die Schützenstraße zu fahren. Wie er selbst sagte, war die Arbeit sein Lebensfaden, Arbeit und Leben ineinander verwoben, über einen bei meinem Praxiseintritt für mich völlig unvorstellbaren langen Zeitraum von mehr als vierzig Jahren.

Während seiner Lebensspanne vollzogen sich die größten gesellschaftlichen und politischen Veränderungen in Deutschland. Das Kaiserreich und den Ersten Weltkrieg hatte er noch in Kindertagen erlebt, die Schulzeit während der Weimarer Republik verbracht, war Referendar mit dem obligatorischen „Drill" im Ausbildungslager Hanns Kerrl. Er trat 1939 in die Praxis seines Vaters ein, wurde als Soldat eingezogen

Dr. Ernst Eick (im Bild), der Sohn des Kanzleigründers Dr. August Eick, in seinem Arbeitszimmer an der Brückenstraße 19.

und musste nach dem Krieg zusammen mit seinem schon hochbetagten Vater die Praxis neu aufbauen. Erlebnisse und Herausforderungen, die uns Nachgeborenen erspart worden sind. Und doch kann man sagen, dass gerade erst am Ende seines Berufslebens sich die größten Veränderungen in den gesetzlichen Rahmenbedingungen für die anwaltliche Berufsausübung ankündigten, die es in der hundertjährigen Praxisgeschichte gegeben hat.

Mit zwei Entscheidungen vom Juli 1987 (NJW 1988, 191 ff. und 195 ff.) hatte das Bundesverfassungsgericht die seit Jahrzehnten von der Bundesrechtsanwaltskammer herausgegebenen „Anwaltlichen Standesrichtlinien" gekippt, die die Berufsausübung der Rechtsanwälte reglementierten und in der Praxis der Ehrengerichte manchmal kleinlich gehandhabt wurden, gerade wenn es um den etwas unsanften Umgang von Anwälten mit nicht so überzeugenden Vertretern der dritten Gewalt ging. Jeder Eingriff in die Berufsfreiheit der Anwälte bedurfte fortan einer gesetzlichen Grundlage. Die Folge war nicht nur die spätere Änderung der Bundesrechtsanwaltsordnung durch das Gesetz zur Änderung des Berufsrechts der Rechtsanwälte und Notare vom 20. Januar 1991 (BGBl I, 150), das gesetzliche Vorschriften zu den beruflichen Rechten und Pflichten der Rechtsanwälte enthält und zur Regelung von Einzelheiten dazu die Satzungskompetenz der Bundesrechtsanwaltskammer einführte (§ 59b BRAO), auf die gestützt dann die BORA (Berufsordnung Rechtsanwälte) erlassen wurde. Vielmehr setzte in der Anwaltschaft unmittelbar nach den Entscheidungen des Bundesverfassungsgerichts vom Juli 1987 eine breite Diskussion über die Zukunftschancen der Anwälte unter veränderten gesellschaftlichen Rahmenbedingungen, im Wettbewerb mit anderen freien Berufen, insbesondere Steuerberatern und Wirtschaftsprüfern, und – im zusammenwachsenden Europa – in der Konkurrenz mit großen Anwaltsfirmen aus anderen europäischen Ländern, ein.

Der Berufsstand in der Diskussion

Der Deutsche AnwaltVerein (DAV) berief den Ausschuss „Neues Berufsrecht" ein, in dem ich als einziger Vertreter der OLG-Anwälte mitwirke. Bei der Probeabstimmung war die Mehrheit des Ausschusses, auch der spätere DAV-Präsident Busse aus Bonn, der Auffassung, dass die Singularzulassung im Interesse der Rechtsuchenden das bessere System sei. Dennoch stimmte auch er – wie die Mehrheit des Ausschusses – im Februar 1989 für die Abschaffung der Singularzulassung. Ich habe danach die Sitzung aus Protest verlassen. Mir war klar, dass nun der Fall der Singularzulassung nur noch eine Frage der Zeit war, wobei ich durchaus von einer kürzeren Übergangszeit ausging, als sie dann doch zur Verfügung stand.

Im März 1990 entschied sich der DAV-Vorstand für die Aufhebung der Singularzulassung (vgl. dazu AnwBl. 1990, Beilage zu Heft 4) und damit auch dafür, einem Teil seiner Mitgliedschaft den beruflichen Lebensnerv zu zerschneiden. Wütende Proteste und Beitragszahlungsverweigerungen des Hammer Anwaltvereins unter Führung der Kollegen Dr. Kieserling und Dr. Finzel sowie die Gründung eines Vereins der singular zugelassenen Rechtsanwälte waren die Folge.

Nirk (NJW 97, 2625) hat gemeint, die Veränderung der Rechtsanwaltschaft in der Bundesrepublik seit den 80er-Jahren sei eine „kopernikanische Wende". Das ist sicher übertrieben. Aber man kann Uwe Wesel (NJW 2002, 425) durchaus zustimmen, wenn er mit Blick auf Nirks Formulierung schreibt: „In der Tat, die gute alte Zeit ist vorbei. Die Anwaltsschwemme, die Entscheidung des Bundesverfassungsgerichts von 1987 zu den Standesrichtlinien, die Entstehung von überörtlichen Sozietäten und Megakanzleien, die Gründung von Anwalts-GmbHs und Anwaltsaktiengesellschaften, der Fall des Verbots von Werbung, die Hotline 0190, die Übernahme von Prozesskostenrisiken gegen Gewinnbeteiligung, die Europäisierung der Anwaltschaft, der Wegfall der Lokalisierung für die Vertretung vor den Landgerichten, sie haben in den letzten zwanzig Jahren das Bild der Anwaltschaft entscheidend verändert." Hinzuzufügen ist dem allerdings auch der Wegfall der Singularzulassung, den Wesel nicht erwähnt, der aber für die meisten Berufungsanwälte die denkbar einschneidendste Veränderung der Grundlage ihrer bisherigen Berufstätigkeit darstellte.

Den eigenen Laden fit machen

Vor dem Hintergrund der Diskussion in der Anwaltschaft Ende der 80er-Jahre gab es zwei Aufgaben: Zum einen Widerstand gegen die unter dem Modewort der Deregulierung propagierte Abschaffung der Singularzulassung mit zu organisieren (vgl. dazu auch: Schumacher/Stallmeister/Human/Düwell, Zur „Modernisierung" des anwaltlichen Berufsrechts: – Bewährte Strukturen erhalten oder abschaffen? AnwBl 1990, 383). Das gelang gut auf dem Münchener Juristentag 1980, auch dank hervorragender Unterstützung des unvergessenen, viel zu früh verstorbenen Vorsitzenden des 7. Zivilsenats des OLG Hamm, Dr. Günther Frieling. Der Juristentag forderte – ganz gegen den Zeitgeist – auch dank der Haltung der bayerischen Nur-Notare die bundesweite Ausdehnung der Singularzulassung für Berufungsanwälte.

Vor allem aber galt es, „den eigenen Laden" fit zu machen für die unausweichlich kommenden Veränderungen und die Herausforderungen der Zukunft. Von einer rein zivilistisch, auf Berufungssachen beim OLG Hamm zugeschnittenen Prozesspraxis musste, alle Kräfte der alten Wurzeln mitnehmend, ein neues, breiteres Fundament für die Sozietät geschaffen werden, damit sie in der veränderten Konkurrenzsituation auch zu größeren überörtlich tätigen, teils anglo-amerikanisch dominierten Kanzleien, die entgegen allen anders lautenden Beteuerungen auch ins Prozessgeschäft drängten, bestehen konnte.

Mancher Widerspruch konnte bei dieser „Häutung" der Kanzlei nicht vermieden werden. Vor allem aber wäre ohne das Vertrauen der Mandantschaft, die damals teils schon über Jahrzehnte gewachsenen, von unseren Vorgängern aufgebauten Bindungen, die auch wiederum Grundlage dafür waren, neue Kontakte knüpfen zu können und neues Vertrauen zu gewinnen, der Wandlungsprozess nicht möglich gewesen. Wenn unsere Berufsausübung nicht nur eine Dienstleistung wie jede andere ist, sondern auch von anwaltlicher Kunst die Rede sein darf, gilt auch hier: „Alle Kunst aber beruht auf Vorgaben in der Kunst; keines ihrer Werke verdankt sich allein dem Ingenium eines Einzelnen."

„Alles, was die Vor- und Mitwelt geleistet, gehört dem Dichter von Rechts wegen an", erklärte Goethe am 17. Dezember 1824 dem Kanzler von Müller. „Nur durch Aneignung fremder Schätze entsteht ein Großes" (zitiert nach Seibt, in: Goethes Werke, Insel Verlag, Jubiläumsausgabe, 3. Bd., 1998, S. 627).

Glückliche Umstände und/oder Fortune – ohne die kein Unternehmen Erfolg haben kann – kamen hinzu: Die friedliche Revolution der Ostdeutschen, die in glücklicher weltpolitischer Konstellation die Wiedervereinigung Deutschlands ermöglichte, hatte den unvorhersehbaren Nebeneffekt, dass nicht nur die Rechtspolitiker in den Parteien, sondern vor allem auch die Juristen in den Ministerien zunächst Wichtigeres zu tun hatten, als neue Regeln der anwaltlichen Berufsausübung in Gesetzesform zu gießen. Die Frage der Singularzulassung wurde vom Gesetzgeber überhaupt nicht entschieden. Er ließ dem Bundesverfassungsgericht den Vortritt, das – nach dem Motto, der Krug, der zu oft zum Brunnen geht, bricht – bei dritter Befassung im Gegensatz zu früheren Erkenntnissen im Urteil vom 13. Dezember 2000 (1 B vR 335/97 – NJW 2001, 353) zu der Auffassung gelangte, die Singularzulassung für Berufungsanwälte sei – im Gegensatz zu der Singularzulassung der BGH-Anwälte – verfassungswidrig. Allerdings sei eine gewisse Anpassungszeit erforderlich, sodass die Vorschrift des § 25 BRAO bis zum 1. Juli 2002 weiter gelte.

Dass diese Entscheidung nicht überzeugen kann, muss an dieser Stelle nicht ausgeführt werden. Die Kämpfe der Vergangenheit müssen nicht wiederholt werden, zumal der Gesetzgeber mit der zum 1. Januar 2002 in Kraft getretenen ZPO-Reform mit ihrem weitgehenden Verbot, in der zweiten Instanz neuen Tatsachenvortrag zu berücksichtigen, jeder auf die Vertretung von Berufungssachen spezialisierten Anwaltspraxis die wirtschaftliche Grundlage entzogen hätte, wie auch an den rückläufigen Eingangszahlen der Berufungsgerichte abgelesen werden kann. Festzuhalten ist aber, dass weder das Bundesverfassungsgericht noch der Gesetzgeber im Interesse der Rechtsuchenden Wert auf eine qualifizierte und spezialisierte Berufungs-Anwaltschaft legten.

Chancen der Wiedervereinigung

Mit der Wiedervereinigung Deutschlands bot sich die Chance, neben der inhaltlichen Verbreiterung der Tätigkeitsschwerpunkte auch regional das Arbeitsfeld der Sozietät ganz erheblich auszudehnen. Keine Chance ohne Risiko. Die Gründung neuer Kanzleistandorte war in der Praxisgeschichte ohne Beispiel. Klar war auch, dass große Entfernungen zwischen den Kanzleistandorten trotz aller – anfangs nur sehr eingeschränkt nutzbaren – modernen Kommunikationsmittel, den Zusammenhalt einer Gruppe von Individualisten, als die sich Anwälte ja meist doch verstehen, nicht gerade erleichtern würden, von den Kosten, die mit der Neugründung eines Standortes verbunden waren, ganz abgesehen. So überrascht auch nicht, dass die Frage, ob Chancen oder Risiken überwögen, nicht von Anfang an von allen Partnern übereinstimmend beantwortet wurde. Andere Projekte sollten zeitgleich in Angriff genommen werden. So wurde uns, vermittelt durch Herrn Kollegen Dr. Kaufmann aus Kirchhundem, dem wir nach wie vor dankbar verbunden sind, 1990 vom Carl Heymanns Verlag in Köln angetragen, eine Monografie zum Staatshaftungsrecht mit Schwerpunkt auf der haftungsrechtlichen Verantwortlichkeit der Städte und Kreise zu verfassen.

Die „Kommunalhaftung" erschien 1991 in erster Auflage. Weitere Auflagen und andere Buchprojekte sollten, auch zur Schärfung des Praxisprofils, folgen. Die in den 80er-Jahren eingerichteten Fachanwaltschaften wurden von den Sozien konsequent genutzt, um sich in ihren Fachgebieten zu profilieren. Unsere Kanzlei gehört mit zu den ersten, in denen Fachanwälte für Arbeitsrecht (1987) und für Verwaltungsrecht (1988) tätig waren. Heute deckt die Sozietät nahezu alle Fachanwaltsgebiete ab. Die schon Ende der 80er-Jahre geplante Verbreiterung des Arbeitsfeldes der Sozietät umfasst insbesondere das Arbeitsrecht, das öffentliche Recht, hier vor allem das öffentliche Baurecht und die Kommunalberatung, später auch das Vergaberecht sowie das Medizinrecht und schloss die Angliederung eines Notariates mit ein. Einer der größten Erfolge der Kommunalberatung war sicherlich, dass es in den 90er-Jahren gelang, der Stadt Herten die Ansiedlung einer völlig überdimensionierten forensischen Klinik in bester innerstädtischer Lage zu ersparen – ein langer Kampf, über den schließlich auch der damalige Sozialminister des Landes NRW sein Amt verlor.

Unser Senior, der am 17. August 1994 starb und an meinem Geburtstag beerdigt wurde, hatte die anstehenden Veränderungen und die Bemühungen der Sozien, sich darauf einzustellen, noch kommen sehen und miterlebt. Ich erinnere mich noch genau, wie er uns in einer der letzten gemeinsamen Sozietätsbesprechungen zurief: „Meine Herren, übernehmen Sie sich nicht!"

Wir haben damals – obwohl Eick und Goethe gemeinsam Geburtstag feiern konnten – nicht bei Faust nachgeschaut. Hätten wir es getan, wäre – natürlich! – nur die faustische Wette als Ansporn in Betracht gekommen:

„Faust:
Werd' ich beruhigt je mich auf ein Faulbett legen:
So sei es gleich um mich getan!
Kannst du mich schmeichelnd je belügen,
Dass ich mir selbst gefallen mag,
Kannst du mich mit Genuss betrügen:
Das sei für mich der letzte Tag!
Die Wette biet' ich!

Mephistopheles:
Topp!

Faust:
Und Schlag auf Schlag!
Werd' ich zum Augenblicke sagen:
Verweile doch! Du bist so schön.
Dann magst du mich in Fesseln schlagen,
Dann will ich gern zugrunde gehn!
Dann mag die Totenglocke schallen,
Dann bist du deines Dienstes frei,
Die Uhr mag steh'n, der Zeiger fallen,
Es sei die Zeit für mich vorbei."

Eick hatte wohl das Gefühl, dass wir solchen Ansporn nicht nötig hatten. Den alten Herrn, der bei aller Liebenswürdigkeit im Umgang doch immer Distanz zu seinen Sozien wahrte, habe ich in vielen Anläufen und durch immer wieder Nachbohren schließlich doch – widerstrebend – dazu gebracht, seine Lebenserinnerungen zu Papier zu bringen (Dr. Ernst Eick, Ein Anwaltsleben in der Sozietät Dr. Eick bei dem OLG Hamm, Erinnerungen und Entwicklungen, 1991). An dieser Stelle darf auch der Dank an Dusan Jovanovic für die künstlerische Gestaltung und an meinen Bruder, Dr. Martin Schumacher, für das Layout und die vielfältige Unterstützung bei der Produktion des Buches zum Ausdruck gebracht werden.

Was das Verhältnis des Jungspundes zum alten Herrn – ersterer allerdings aller burschenschaftlichen Verbindungen unverdächtig - angeht, lassen wir – leicht abgewandelt – Goethe sprechen.

„Von Zeit zu Zeit seh' ich den Alten gern,
Und hüte mich mit ihm zu brechen.
Es ist gar hübsch von einem großen Herrn,
So menschlich mit mir zu sprechen."

Ost und West im Widerstreit

Weil die Wiedervereinigung Deutschlands eine so große Rolle in der Praxisgeschichte gespielt hat, war es nur folgerichtig, wenn wir anlässlich des 90-jährigen Bestehens der Sozietät im Jahre 1998 den früheren Präsidenten des Bundesverwaltungsgerichts, Prof. Dr. Sendler, gebeten haben, den Festvortrag zum Thema „Ost und West im Widerstreit" zu halten, um fast zehn Jahre nach Wiederherstellung der Einheit Deutschlands eine Standortbestimmung zu erhalten. Die Sozietät hatte 1992 in Dresden und 1995 sowohl in Brandenburg als auch in Erfurt Niederlassungen gegründet. Wichtige Erfolgsvoraussetzung war dabei, dass die Sozien Human in Dresden, Wältken in Brandenburg und Dr. Burmann in Erfurt mit Begeisterung, Herzblut und unermüdlichem Engagement bereit waren, Aufbauarbeit zu leisten. Der Erfolg jeder, zumal der der ersten Niederlassung in den neuen Bundesländern in Dresden, gab uns Mut zur Gründung weiterer Niederlassungen in den folgenden Jahren.

Wie gut sich die Niederlassung in Erfurt entwickelt hat, spiegelt sich auch in meiner Antwort an den Kollegen Dr. Burmann wieder, der zur Teilnahme an der Feier zum zehnjährigen Jubiläum eingeladen hatte. Ich schrieb:

„Vielen Dank für die Einladung zur Jubiläumsfeier am 14. September 2005. Ich gehe davon aus, dass neben dem Justizminister auch der Herr Oberbürgermeister der Stadt Erfurt an unserer Jubiläumsfeier teilnimmt, sodass, zumal neben der sonstigen hochrangigen Abordnung aus Hamm, die Anwesenheit des Unterzeichneten nun wirklich entbehrlich erscheint. Damit kein Missverständnis aufkommt, vom scharfen Blick unseres Praxisgründers (gemeint ist das Konterfei von Dr. August Eick auf unseren Visitenkarten) habe ich mich nicht abschrecken lassen. Leider muss ich am 14. September 2005 einen Termin in Potsdam wahrnehmen, ansonsten wäre ich natürlich gerne gekommen. Den Stein der Weisen (ein Bohrkern vom Bau der Kyll-Talbrücke, den mir Prof. Dr. Nendza geschenkt hatte) – Wo ist er geblieben? –, hatte ich seinerzeit schon zur Eröffnungsfeier der Niederlassung Erfurt mitgebracht. Offenbar hat er, was für einen Stein ungewöhnlich ist, wie aber an der Entwicklung der Praxis nachgemessen werden kann, Früchte getragen."

Neue überregionale Aktivitäten

Als der Deutsche Bundestag am 2. Dezember 1999 beschloss, dass jeder bei einem Amts- oder Landgericht zugelassene Rechtsanwalt ab dem 1. Januar 2000 bei jedem deutschen Landgericht oder Familiengericht auftreten könne – in Ost und West – war der Transformationsprozess von einer auf den OLG-Bezirk Hamm beschränkten Kanzlei von Berufungsanwälten zu einer überregional tätigen überörtlichen Sozietät bereits ein gutes Stück vorangekommen und viel weiter gediehen, als ich das im Februar 1989 je für möglich gehalten hätte. Die Sozien, von der Grande Dame, der Ehefrau des Seniors, noch gern als „Mitarbeiter meines Mannes" apostrophiert, hatten sich von der Rolle des „Nur-Berufungsanwaltes" emanzipiert, weiter spezialisiert und in verschiedensten Rechtsbereichen ihr eigenes Feld bestellt. Dabei war das Binnenklima durch Vertrauen in die eigene Leistungskraft, die hervorragende fachliche Qualität und Leistungsbereitschaft der Partner und – bei aller wünschenswerten und vorhandenen Unterschiedlichkeit der Charaktere – durch große Loyalität und die Fähigkeit geprägt, sich – bei allem Streit um Details, auch ums liebe Geld – immer wieder, freilich manchmal nach überlangen Diskussionen, auf gemeinsame Leitlinien für die Entwicklung der Praxis und deren Umsetzung zu verständigen. Die erfolgreiche gemeinsame Weiterentwicklung der Praxis aus ihren guten und gesunden Wurzeln war die Maxime, nicht die Einzelinteressen und die Befriedigung des Egos der Partner, sondern der Wille, den Laden zusammenzuhalten und den Karren gemeinsam weiterzuziehen, bestimmte das Handeln.

Auf dem richtigen Kurs

So konnten wir der Entscheidung des Bundesverfassungsgerichts, die Singularzulassung der Berufungsanwälte zu kippen, bewusst die Gründung unserer Niederlassung in Bochum entgegensetzen, die im Frühjahr 2002 ihre Pforten öffnete. Wir wollten gezielt ein Signal setzen und zeigen, dass wir uns auf dem weiter geöffneten Markt anwaltlicher Dienstleistungen auch im Revier gegen angestammte Konkurrenz behaupten können. Heute dürfen wir sagen, dass uns das auch dank des großen Engagements des Kollegen Dr. Heß, der die Leitung der Bochumer Niederlassung übernommen hat, gelungen ist.

2007 gab es dann mit der Errichtung der ersten süddeutschen Niederlassung unter Führung von Kollegin Dr. Rath in München, vor allem aber mit der Zulassung des Kollegen Dr. Mennemeyer, der uns weiterhin als Of Counsel eng verbunden ist, als Rechtsanwalt beim Bundesgerichtshof weitere nach außen deutlich sichtbare Veränderungen.

Insgesamt war das seit der 90-Jahrfeier im Jahre 1998 vergangene Jahrzehnt nicht nur von viel „normaler" anwaltlicher Arbeit am einzelnen Mandat geprägt, sondern auch davon, bei vielfältigen und grundlegenden Veränderungen der gesetzlichen Rahmenbedingungen für die Ausübung des Anwaltsberufs das Unternehmen Dr. Eick & Partner auf richtigem Kurs zu halten. Viele Entscheidungen mussten getroffen werden, ohne dass die Auswirkungen und ein erfolgreiches Ergebnis immer klar und gesichert gewesen wären. Im Vordergrund aller Entscheidungen stand dabei stets, den Interessen unserer Mandantschaft mit fachlicher Kompetenz und Erfahrung und nicht überbietbarem Engagement zu dienen. In diesem Sinne verstehen wir „Jetzt-Altsozien" die Tradition nicht als die Anbetung der Asche, sondern als die Weitergabe des Feuers.

So stand – neben vielem anderen – fast plötzlich, wenn auch nicht unerwartet, auch die Aufgabe vor uns, das 100-jährige Bestehen der Kanzlei in gehöriger Form mit unseren Mandanten, Freunden und Familien zu feiern, wobei wir uns besonders freuen, viele Mandanten fast bereits zur Familie zählen zu können.

Klassiker zum Jubiläum gefragt

Bei Familienfeiern greift man bekanntlich gern auf Klassiker zurück. Was aber ist ein Klassiker? Die Frage beantwortet Gustav Seibt in seinem Essay „Das Unglaublichste, das Beispielloseste, das Natürlichste – als sei der Frühling selbst Sprache geworden: Wie Johann Wolfgang von Goethe zur Ostermesse 1808 mit dem Faust zum Klassiker wurde" (FAZ von Ostern 22./23./24. März 2008) wie folgt:

„Ein Buch, von dem man sich nur schwer vorstellen kann, dass es einmal eine Neuerscheinung gewesen ist. Ein Klassiker ist Teil unserer

Immer wieder hat Goethes „Faust" die Regisseure und Schauspieler dazu herausgefordert, die Konfrontation Faust mit Mephistopheles auf der Bühne und im Film darzustellen. Zu den klassischen Faust-Filmen zählt das Meisterwerk des Stummfilm-Regisseurs Friedrich Wilhelm Murnau aus dem Jahr 1926 mit Emil Jannings als Mephisto und Gösta Ekman als Faust.

Welt geworden, als sei er immer dagewesen, ein Stück Kulturnatur. Er hat die Welt so verändert, dass er aus ihren historischen Grundlagen nicht mehr wegzudenken ist; das ist beispielsweise der Bibel mit ihrem Gottesbegriff gelungen oder der Psychoanalyse Freuds mit der Etablierung des Unbewussten. Wer die Bibel kennt, wird an Mars oder Miner-

va als reale Gottheiten nicht mehr glauben können, selbst wenn er kein Christ ist; und wer Freud gelesen hat, wird sich und andere immer auch auf versteckte Motive beim Reden und Tun befragen.

Ein zweiter Klassiker-Typus hat etwas, das immer da war und sein wird, in eine so allgemeine und treffende Form gebracht, dass diese Form mit dem Beschriebenen vollkommen verschmilzt. Das ist, was man früher das „ewig Gültige" nannte. Der Frühling, das Ende des Winters, wird auf Deutsch wohl immer so klingen „Der alte Winter in seiner Schwäche / Zog sich in rauhe Berge zurück./ Von dort her sendet er, fliehend, nur / Ohnmächtige Schauer körnigen Eises / In Streifen über die grünende Flur; / Aber die Sonne duldet kein Weißes: / Überall regt sich Bildung und Streben, / Alles will sie mit Farben beleben; / Doch an Blumen fehlt's im Revier. / Sie nimmt geputzte Menschen dafür."

Natürlich wären wir froh, wenn unsere Sozietät sich in diesem Sinne zu einem Klassiker entwickeln würde. Man könnte meinen, das Geburtsdatum des Seniors und der Umstand, dass Goethes Faust im Jahre 2008 den 200sten Geburtstag feiert, hätten den Ausschlag für das Thema des Festvortrages – „Vom Rechte, das mit uns geboren ist" – gegeben. Oder – vielleicht besser noch – die wieder neu in Gang gekommene Diskussion um die richtige Deutung der Faust-Tragödie habe uns auf das Thema gebracht. In einer Rezension (FAZ v. 27.7.08) zu Michael Jaegers Buch „Global player Faust oder Das Verschwinden der Gegenwart. Zur Aktualität Goethes", (Siedler-Verlag, Berlin 2008), verdeutlicht Thomas Anz die unterschiedlichen Sichtweisen:

„200 Jahre nach dem Erscheinen von Goethes „Faust, der Tragödie erster Teil" inspiriert ein schmales, aufregendes Buch von Michael Jaeger dazu, das berühmteste Drama der deutschen Literatur neu zu verstehen."

„Global player Faust oder Das Verschwinden der Gegenwart" ist ein vielfach einleuchtender, glänzend geschriebener Essay. Der stilistische Glanz verführt freilich dazu, manche Fragwürdigkeiten zu verkennen.

Als Prototyp des modernen emanzipierten Subjekts wurde Goethes Faust lange Zeit bewundert: Vorwärts gerichtet in seinem Wissensdurst, tatkräftig und leidenschaftlich, selbstbewusst trotz aller melancholischen Zweifel und Verzweiflungsanfälle, vorbildlich in seinem rastlosen Drang nach Vervollkommnung, auch wenn er selbst und andere darunter zu leiden haben. Eine tragische, schuldige Figur zwar, aber eben doch ein Held, mit dem man sich identifizieren kann. Das Vergehen, das er auf Tod und Teufel vermeiden möchte, ist der Stillstand: „Werd ich beruhigt mich je auf ein Faulbett legen, / So sei es gleich um mich getan!" Im zweiten Teil, den Goethe unter dem Eindruck der Pariser Juli-Revolution von 1830 vollendete, gleicht sich Fausts Bewegungsdrang den ökonomisch-sozialen Ideen einer neuen Epoche an. Er agiert als Wasserbauingenieur, als, wie Jaeger formuliert, „energisch-rastloser Unternehmer einer weltweit operierenden Handelsgesellschaft – gleichsam als früher global player" und zuletzt als Raum- und Staatsplaner."

Als Faust mit seinem Projekt der Naturbeherrschung und Gesellschaftsordnung auf „freiem Grund mit freiem Volke" im Vorgefühl des Gelingens den höchsten Augenblick genießt, umgehend stirbt und die Wette mit Mephisto eigentlich verloren hat, wird seine Seele von den Engeln gerettet."

Ganz anders sieht demgegenüber, so Anz, Jaeger Goethes Faust:

„Für Jaeger ist Goethes Figur, im Bunde mit dem Teufel, die Verkörperung aller negativen Aspekte jener gesellschaftlichen Modernisierungsprozesse, die der Weimarer in den sechziger Jahren seiner Arbeit an den beiden Tragödienteilen als tiefgreifenden Epochenbruch erfahren hat, die ihm hochgradig suspekt waren und deren destruktive Folgen erst heute richtig sichtbar werden. Der Held ist eine „veritable" Unglücksfigur, die die Negation der gesamten Philosophie Goethes und alle seiner Zivilisationsideale personifiziert.

Das Verbot der Ruhe und des Verweilens, das sich Faust auferlegt, ist eine pathologische Verirrung, spiegelt den Kult der Geschwindigkeit und der rastlosen Innovation in der Moderne, die Entwertung des Gegenwärtigen und Vorhandenen zugunsten der Attraktivität zukünftiger Möglichkeiten, den Wechsel von Bildern und Sensationen wider. Es ist Abbild eines „phobisch angetriebenen Konsumrausches", der nichts mehr fürchtet als die Ruhe und dem nichts mehr verhasst ist als die Geduld.

Fausts „Fluch vor allem der Geduld' verkehrt sich in der faustferneren Perspektive Goethes oder zumindest seines Interpreten Jaeger zu einem Fluch auf eine für die Moderne charakteristische Ungeduld, zu einem Plädoyer für Entschleunigung, für komplementative Ruhe in Traditionen der Mystik, für Winkelmanns Ideal des Stillen, verweilenden, zu sich selbst kommenden Bewusstseins im Anblick des Schönen, für antike Übungen zum Erfassen glücksbringender Gelegenheiten."

„Vom Rechte, das mit uns geboren ist"

Anz meint, der Blick auf Goethes Faust werde in Jaegers Essay immer wieder durch das kulturkritische Anliegen seines Interpreten verzerrt, gleichwohl lohne die Lektüre. Wie auch immer Goethes Klassiker richtig zu deuten sein mag, für die Wahl des Themas des Festvortrags zu unserem 100-jährigen Jubiläum war weder die Vorstellung, die Sozietät zu einem Klassiker oder gar zu einem „global player" zu entwickeln, ausschlaggebend, sondern die Suche nach dem Wesentlichen, „Was den Kern ausmacht" (so das Arbeitsthema). Als freier Advokat denkt man dabei leicht an das große Thema der Freiheit, dem sich im Jubiläumsjahr aber schon der Deutsche Anwaltstag in Berlin gewidmet hat. So half „Kommissar Zufall" dem suchenden anwaltlichen „Studenten":

*„Ich wünschte recht gelehrt zu werden
Und möchte gern was auf der Erden
Und in dem Himmel ist erfassen,
Die Wissenschaft und die Natur."*

Sinnigerweise über den Fall der Zulässigkeit eines Dialysezentrums in einem allgemeinen Wohngebiet (BVerwG, Beschl. v. 28.2.2008 – 4 B 60/07 (OVG Weimar) – NVwZ 2008, 786) führten unergründliche Ratschlüsse mich zu dem verehrten städtischen Rechtsdirektor Pfeiffer in Jena und von dort zu dem durch die deutsche Einheit von Bayern (vom selben Gymnasium wie der derzeitige bayerische Ministerpräsident!) nach Thüringen verschlagenen Universitätsprofessor Dr. Rolf Gröschner, Ordinarius für öffentliches Recht und Philosophie an der

Friedrich-Schiller-Universität in Jena und seit einigen Jahren dem Klassiker aus Weimar verfallen und forschend auf der Spur. So war das Thema des Festvortrages rasch gefunden. In den Kontext der Schülerszene eingebunden, liest sich das Zitat so:

„*Mephistopheles:*
Doch wählt mir eine Fakultät!

Schüler:
Zur Rechtsgelehrsamkeit kann ich mich nicht bequemen.

Mephistopheles:
Ich kann es euch so sehr nicht übel nehmen
Ich weiß wie es um diese Lehre steht.
Es erben sich Gesetz' und Rechte
Wie eine ew'ge Krankheit fort;
Sie schleppen von Geschlecht sich zum Geschlechte,
Und rücken sacht von Ort zu Ort.
Vernunft wird Unsinn, Wohltat Plage;
Weh dir, dass du ein Enkel bist!
Vom Rechte, das mit uns geboren ist,
Von dem ist leider! nie die Frage."

Von Hybris ist der Titel des Festvortrages also weit entfernt. Wir hoffen lieber auf Goethes Erlösungsformel aus Faust II: „Wer immer strebend sich bemüht, den können wir erlösen."

Wir mögen Fehler gemacht haben, sicher sogar, vielleicht auch große, wahrscheinlich sogar, aber die Strafe der Hölle haben wir hoffentlich auch aus Sicht unserer Mandanten, Freunde und Familien nicht verdient.

Epilog

(Frisch untergelegt und montiert!)

Epilog im Himmel

August und Ernst, einander innig zugewandt. Der Herr und die Trödelhexe.

Ernst:
Ist es nicht schrecklich, wie viele Anwälte es heute gibt?

August:
Ich war damals eine kleine radikale Minderheit. Und das war auch gut so.

Ernst:
Du bist ja ganz schön alt geworden, geht's denn noch?

August:
„So lang' ich mich noch frisch auf meinen Beinen fühle,
Genügt mir dieser Knotenstock.
Was hilft's, dass man den Weg verkürzt!
Im Labyrinth der Täler hinzuschleichen,
Dann diesen Felsen zu ersteigen,
Von dem der Quell sich ewig sprudelnd stürzt,
Das ist die Lust, die solche Pfade würzt!
Der Frühling webt schon in den Birken,
Und selbst die Fichte fühlt ihn schon;
Sollt' er nicht auch auf unsre Glieder wirken?"

Ernst:
Wovon träumst du? Oder hat der Albtraum ein Ende?

August:
„Einst hatt' ich einen wüsten Traum;
Da sah' ich einen gespaltnen Baum,
Der hatt' ein ungeheures Loch;
So groß es war, gefiel mir's doch."

Ernst:
Es gibt jetzt ja sogar Anwältinnen in der Praxis.

August:
„Wir nehmen das nicht so genau.

Mit tausend Schritten macht's die Frau;
Doch, wie sie sich auch eilen kann;
Mit einem Sprunge macht's der Mann."

Der Herr:
Mir scheint, früher war alles besser.

August:
„Jetzt ist man von dem Rechten allzuweit,
Ich lobe mir die guten Alten;
Denn freilich, da wir alles galten,
Da war die rechte goldne Zeit."

Ernst:
„Wir waren wahrlich auch nicht dumm,
Und taten oft, was wir nicht sollten;
Doch jetzt kehrt sich alles um und um
Und eben da wir's fest erhalten wollten."

Die Trödelhexe:
Was soll denn nun aus der Praxis werden?

August und Ernst im Chor:
„Aus den Augen aus dem Sinn!"

Die Trödelhexe:
„Ihr Herren geht nicht so vorbei!
Lasst die Gelegenheit nicht fahren!
Aufmerksam blickt nach meinen Waren;
Es steht dahier gar mancherlei.
Und doch ist nichts in meinem Laden,
Dem keiner auf der Erde gleicht,
Das nicht einmal zum tücht'gen Schaden
Der Menschen und der Welt gereicht.
Kein Dolch ist hier, von dem nicht Blut geflossen,
Kein Kelch, aus dem sich nicht in ganz gesunden Leib
Verzehrend heißes Gift ergossen,
Kein Schmuck, der nicht ein liebenswürdig Weib

*Verführt, kein Schwert, das nicht den Bund gebrochen,
Nicht etwa hinterrücks den Gegenmann durchstochen."*

Ernst und August im Chor:
„Frau Muhme! Sie versteht mir schlecht die Zeiten.
Getan geschehn! Geschehn getan.
Verleg' sie sich auf Neuigkeiten!
Nur Neuigkeiten ziehn uns an."

Der Herr:
Ernst und August, jetzt ist aber Schluss mit der Walpurgisnacht. Ihr seid gerettet!

Streiflichter und Begegnungen aus dem Leben der Sozietät

Aufgespießt von Rechtsanwalt Hermann Schumacher

Kein Versuchsballon

Wir können nur vermuten, dass aus Anlass der Praxisgründung im Oktober 1908 die Internationalen Ballon-Wettfahrten in Schmargendorf-Berlin veranstaltet wurden. Der Praxis-Ballon schwebt immer noch, von günstigen Winden getragen, der Zukunft entgegen.

Ordensverleihung

Diese Sozien, die mir 1999 zu allem Überfluss auch noch den natürlich nicht dotierten DB-Reise-Orden verliehen, muss man einfach lieben! (1994, mit Dres. Bergmann und Heß).

Der verhüllte Reichstag

Der – damals noch nicht – Präsident der Rechtsanwaltskammer Thüringen, Dr. Burmann, bei seinem „Antrittsbesuch" in Berlin, begleitet von den tragenden Legationsräten Human und Schumacher (1995).

Überall im Dienst *Kapitän Wältken und die Leichtmatrosen Mennemeyer und Schumacher auf den Wogen des Ijsselmeers (1983).*

Sportliche Höchstleistungen

Beim Kampf gegen die Betriebssportgemeinschaft des OLG Hamm im September 1995 ragte insbesondere Dr. Martin Alberts als beinharter Verteidiger heraus. Auch mit dabei: Dr. Rainer Heß, mit großem Laufpensum, aber ohne durchschlagende Wirkung, und unter ferner liefen Hermann Schumacher.

„Erfurter Parteitag"

Die „Gnadenlosen Vier" (von links nach rechts): Schumacher, Dr. Heß, Dr. Mennemeyer, Prof. Dr. Bergmann) auf dem Weg zum „Erfurter Parteitag" (sprich: Sozietätssitzung in Erfurt im Herbst 1996). Dieses Bild wurde mir vom Kollegen Dr. Heß sinnigerweise mit folgendem Text übersandt: „Lieber Hermann, damit Luise auch etwas von Deinen Ausschweifungen in Erfurt hat, anbei die ersten Fotos. (Der 2. Film ist wohl noch nicht entwickelt ...)".

Neue Niederlassung Mallorca – noch in Vorbereitung

Mallorca, Plaza de Major, anno 2005: Eine fröhliche Schar – Sozietäts-Partner mit Ehefrauen.

Weihnachts-Urteil

24 We 12/05 Verkündet am 17.11.2005

Zuständige Weihnachtskammer des Amtsgerichts Nordrhein-Westfalen

Im Namen des Volkes

Weihnachts-Urteil

In dem Rechtsstreit

1. Rechtsanwälte Prof. Dr. Karl Otto Bergmann, Hermann Schumacher, Dr. Siegfried Mennemeyer, Dr. Martin Alberts, Dr. Hubert Menken, Bodo Herz, Dr. Diethild Hüsing-Exner, Jörn Quadflieg, Iris Karthaus, Volkhard Wittchen, Jens Schidlowski, Dr. Dagmar Keysers, Thomas Pfeiffer, Dr. Katja Mihm, Dr. Werner Hartmann, Anselm Rengshausen, Thomas Lange, Alke Kayser, Gabriele Comos-Aldejohann, Dr. Carolin Wever, Christina Mennemeyer, geschäftsansässig Schützenstraße 10, 59071 Hamm,

- Antragsteller zu 1) -

2. Frau Christel Junkermann, Gisela Wulf, Roswitha Hellmich, Doris Wrona, Bärbel Brandt, Edeltraut Schwarz, Monika Rüter, Gerda Brinkrolf, Gabriela Busek, Ellen Schneider, Ursula Pieper, Monika Döch, Auguste-Ursula Hauck, Marianne Kweram, Heike Isenbeck, Manuela Everschneider, Birgit Distelhoff, Constanze Lange, Kirsten Althaus, Agnes Gabriel, Astrid Muth, Kathrin Günther, Silke Coltman, Simone Köhne, Stephanie Mackenbrock, Katy Gotterbe, Miriam Bremser, Melanie Gogolla, Angela Wohlrath, Sabrina Dübel, Natalie Babinezki, Anastasia Neb, Christina Brühl, Reinert Stock, Friedrich Schelat, Heinz Seidel, Günther Kaiss, Karl-Heinz Niermann, geschäftsansässig Schützenstraße 10, 59071 Hamm,

- Antragsteller zu 2) -

g e g e n

Atlantico – Bar – Café Gastronomie, Oststraße 14, 59065 Hamm

- Antragsgegnerin -

hat die zuständige 24. Weihnachtskammer des Amtsgerichts Nordrhein-Westfalen aufgrund der telefonischen Verhandlung vom 17.11.2005 durch den Richter am Amtsgericht Ruprecht

für R e c h t anerkannt:

1. Es wird festgestellt, dass im Jahre 2005 eine Weihnachtsfeier stattfindet.

2. Die Atlantico – Bar – Café Gastronomie hat den Antragstellern zu 1) und 2) am 09.12.2005 um 19.00 Uhr zwecks Durchführung der diesjährigen Weihnachtsfeier den Wintergarten, welcher sich im hinteren Teil des Restaurants befindet, zur Verfügung zu stellen.

3. Die Atlantico – Bar – Café Gastronomie hat für ausreichende Verpflegung in Form eines umfangreichen Buffets sowie für Getränke zu sorgen.

4. Die Kosten dieses Verfahrens tragen die Antragsteller zu 1). Die Kosten für den Anfahrts- und Abfahrtsweg trägt jeder selbst. Eine weitere Kostenerstattung findet nicht statt.

Weihnachtliche Entscheidungsgründe

Die Rutenklage ist begründet. ☺

Nachdem die im Jahre 2003 zum ersten Mal in der Atlantico – Bar – Café Gastronomie (im Folgenden Atlantico genannt) abgehaltene Weihnachtsfeier ein voller Erfolg war, hat auch die für das Jahr 2004 vorgesehene Weihnachtsfeier im Atlantico stattgefunden. Mit einer der Höhepunkte im Jahre 2004 war der Weihnachtsmann, der, nach eigener Aussage, ganz zufällig vorbeigekommen war und bei der Gelegenheit – u.a. auch aus Gründen der Zeitersparnis – gleich die gesamte Meute abgefertigt hat. Als Beweis hierfür legten die Antragsteller zu 1) und 2) das weihnachtliche *Goldene Buch* für das Jahr 2004 vor, welches als Beiakte zu den Gerichtsakten geführt wird.

Die Antragsteller zu 1) und 2) haben glaubhaft dargelegt, dass sich eine alljährliche Feier positiv auf die Arbeitsatmosphäre im Büroalltag auswirkt. Es ist ferner nicht von der Hand zu weisen, daß das private Miteinander, im vorliegenden Fall im Zusammenhang mit einer Weihnachtsfeier, in einer entspannten Umgebung bei gutem Essen und Trinken dazu führt, dass sich sowohl die bereits seit Jahren bei der Sozietät Dr. Eick und Partner arbeitenden als auch neu beschäftigte Rechtsanwälte und Angestellte auf diese Art und Weise ohne den Druck des Arbeitsalltags von einer anderen Seite, als die der beruflichen, kennenlernen können. Im Übrigen sind die Antragsteller zu 1) und 2) der Ansicht, dass es sich alle der der Sozietät Dr. Eick und Partner Zugehörigen nach einem langen, anstrengenden Jahr verdient haben, Weihnachten mit einer Feier anklingen und das Jahr langsam ausklingen zu lassen.

Alles in allem waren die bislang im Atlantico abgehaltenen Weihnachtsfeiern stets ein voller Erfolg und trugen so der weihnachtlichen Stimmung und der allgemein guten Arbeitsatmosphäre bei. Nach Auffassung der Kammer ist es daher sogar von größter Bedeutung und Wichtigkeit, dass im Jahre 2005 eine gemeinsame Weihnachtsfeier stattfindet.

Weiterhin ist die Kammer der Ansicht, dass das Atlantico – trotz aller Komplikationen aufgrund der Fülle an Weihnachtsfeiern, die sich dieses Jahr dort ereignen – dem Wunsch der Antragsteller zu 1) und 2), mittlerweile schon zu den Weihnachtsstammgästen zählende Kunden, nachzukommen hat. Nachdem Erkundigungen einholt wurden und die Handhabungen, was Weihnachtsfeiern anbelangt, offenbar im Atlantico noch dieselben, wie in den letzten Jahren, sind, können die Antragsteller zu 1) und 2) ein umfangreiches Buffet, wie sie es bereits seit ein paar Jahren gewohnt sind, erwarten.

Der Rutenklage war daher voll stattzugeben.

Die Kostenentscheidung beruht auf § 24 der Weihnachtlichen Gerichtsordnung. Nicht enthalten in der vorgenannten Entscheidung sind die Reisekosten gem. § 25 und 26 WeGeO. Diese Kosten hat jeder im eigenen Interesse selbst zu tragen.

Abschließender Hinweis

Dieses Urteil ist unanfechtbar. Änderungen, was die Teilnehmeranzahl etc. anbelangt, sind nicht an das Gericht, sondern ausschließlich an das eigens hierfür beauftragte Erdenwesen, Silke Coltman, (Tel.: 02381/988420), zu richten.

Die zuständige Weihnachtskammer des Amtsgerichts Nordrhein-Westfalen wünscht der gesamten Sozietät Dr. Eick und Partner ein wunderschönes Weihnachtsfest.

Richter
Ruprecht

Ausgefertigt *
Wölkchen 24, den 20. November 2005

* Silke Coltman

Dichter-Wettbewerb

Dringender Aufruf – Frühlingsgedicht

Der Literaturwissenschaftler Heinrich Detering (Uni Göttingen) hat den Tod des Frühlingsgedichts festgestellt (im Jahr 2006) – zitiert nach Financial Times Deutschland vom 20.03.2006. Das können wir nicht hinnehmen. Wir rufen deshalb alle Mitarbeiterinnen / Mitarbeiter, Anwältinnen und Anwälte der Sozietät Dr. Eick & Partner GbR dringend auf, uns ihr persönliches Frühlingsgedicht zu übermitteln. Selbstverständlich werden nur Eigen-Urproduktionen berücksichtigt.

Die vollkommen undemokratisch zusammengesetzte Jury wird am 25. März 2006 anläßlich der Sozietäts-Vollversammlung aus allen – auf Wunsch anonymisierten – Einsendungen das ihrer ultimativen Auffassung nach beste Gedicht auswählen. Es winkt der Frühlingspreis der Deutschen Anwaltschaft, gesponsert durch Knorr-Frühlingssuppe und überreicht durch die Geschäftsführung der Dr. Eick & Partner GbR.

Einsendeschluss ist der 24. März 2006. Allein annahmeberechtigt für alle Einsendungen ist das Zentralsekretariat unserer Niederlassung in Hamm, Frau Coltman.

Rein vorsorglich weisen wir darauf hin, dass der Rechtsweg ausgeschlossen ist.

Schumacher, Rechtsanwalt

Die Siegerin:

Für ihr Gedicht preisgekrönt wurde Kollegin Dr. Friederike Quaisser, Erfurt.

Frühling

Da sitzt er nun, der arme Juristicus,
und wartet auf einen Musenkuss.
Den Frühling in Reimen zu loben,

das ist der „Hammer"-Auftrag der Stunde,
und so wird dieses Gedicht aus der Taufe gehoben
mit der frohen Kunde:
Der Frühling kommt!

Akten
und Fakten,
Fälle,
abgearbeitet ganz auf die Schnelle,
damit kennt er sich aus, der Advocat,
doch mit der süßen Lebensart?
Die Mittagspause in der Sonne,
ein bisschen Zeit,
das ist des Anwalts wahre Wonne,
da ist der Frühling nicht mehr weit.

Umgeben von Gesetzen, Akten, Paragrafen
sehnt er sich in seinen Träumen
in ein Land mit blühend' Bäumen.
Er öffnet die Augen
und kann es kaum glauben:
Draußen rieselt noch immer der Schnee,
statt kühlem Prosecco gibt es nur Tee.

Das kann doch nicht sein,
das ist doch nicht richtig:
Ist Petrus denn nicht mal der Frühling mehr wichtig?
Woher soll sie denn kommen, die Inspiration,
zu finden einen lyrischen Ton,
der la primavera, den Frühling lobt,
wenn draußen noch immer der Winter tobt?
Kein Wunder, dass Gedichte sterben.
Kann es nicht endlich Frühling werden?

F. Quaisser, Erfurt

Von der Sozietät Dr. Eick zum Anwalt beim Bundesgerichtshof

Rechtsanwalt Dr. Siegfried Mennemeyer:
Wechselseitige Achtung und Anerkennung prägen
die Zusammenarbeit in vielen Jahren

Frage:

Sie waren viele Jahre in der Sozietät Dr. Eick als Partner eingebunden, wurden jedoch im Jahr 2007 zum Rechtsanwalt beim Bundesgerichtshof berufen. Welche Folgen hatte diese Berufung für Sie?

Dr. Mennemeyer:

Diese Ernennung wirkte sich unmittelbar auf meine Zugehörigkeit zur Rechtsanwaltssozietät Dr. Eick und Partner aus. Dies deshalb, weil § 172 a der Bundesrechtsanwaltsordnung (BRAO) Rechtsanwälten, die beim Bundesgerichtshof zugelassen sind, lediglich erlaubt, untereinander eine Sozietät einzugehen. Eine Sozietät mit Instanzanwälten ist den beim Bundesgerichtshof zugelassenen Rechtsanwälten verboten. Aus diesem Grund war ich im Jahr 2007 nur noch Counsel der Sozietät Dr. Eick und Partner.

In die Sozietät war ich im Jahr 1983 eingetreten. Ich durfte miterleben, dass die bei meinem Eintritt aus lediglich vier Berufsträgern bestehende Praxis Jahr für Jahr reüssierte und bis zu meinem Ausscheiden 2007 auf mehr als fünfzig Berufsträger angewachsen ist. Diese Entwicklung durfte ich gemeinsam mit den weiteren Sozietätspartnern wesentlich mitprägen.

Frage:

Welche Aufgaben hatten Sie innerhalb der Sozietät Dr. Eick wahrzunehmen?

Dr. Mennemeyer:

Die Sozietät Dr. Eick ist forensisch ausgerichtet. Während meiner ziemlich genau 25-jährigen Tätigkeit in der Sozietät war ich überwiegend mit Berufungsverfahren beim Oberlandesgericht Hamm und sonstigen Prozessführungen befasst. Die daraus erwachsene forensische Erfahrung kommt mir heute als Rechtsanwalt beim Bundesgerichtshof zugute. Ich fühle mich noch heute der Sozietät und meinen Mandanten verbunden, die ich während der langjährigen Tätigkeit für die Sozietät betreut habe.

Frage:
Wie regelte sich die Sozietäts-Zusammenarbeit im Hinblick auf Ihre Spezialisierung in bestimmten Rechtsgebieten?

Dr. Mennemeyer:
Die Sozietät war im Verlauf meiner dortigen Tätigkeit auf bestimmte Rechtsgebiete spezialisiert. Neben der Vertretung der öffentlichen Hand standen versicherungsrechtliche Mandate im Vordergrund. Die Facette der forensischen Aufgaben erstreckte sich auf alle Bereiche des Zivilrechts und wurde in den Dezernaten unterschiedlich ausgebaut.

Frage:
Fühlten Sie sich innerhalb der Sozietät als gleichberechtigter Partner? Wie bewerten Sie die Zusammenarbeit in der Sozietät?

Dr. Mennemeyer:
Während meiner Tätigkeit in Hamm war die Zusammenarbeit mit den Partnern durch wechselseitige Achtung und Anerkennung geprägt. Neu in die Sozietät eintretende Berufsträger wurden verantwortlich an die zu erfüllenden Aufgaben herangeführt. Der Kontakt untereinander sowie mit den im Laufe der Jahre gegründeten weiteren Standorten erfolgte stets freundschaftlich und kollegial.

Frage:
Sie erlebten die Veränderung und Ausweitung der Sozietät auch seit der Wende und seit dem Jahr 2000 mit. Wie beurteilen Sie diese Entwicklung?

Dr. Mennemeyer:
Nachdem die Sozietät in den 80er- und 90er-Jahren noch wesentlich auf die Bearbeitung von Berufungsrechtsstreiten ausgerichtet war,

Dr. Siegfried Mennemeyer wurde im Juni 2007 zum Rechtsanwalt beim Bundesgerichtshof in Karlsruhe berufen.

veränderte sich diese Ausrichtung entscheidend mit der Jahrtausendwende. Grund für die notwendige neue Ausrichtung war der Wegfall der Singularzulassung bei den Oberlandesgerichten, für deren Erhalt ich als Gründungsvorsitzender des Vereins der bei den Oberlandesgerichten in Deutschland zugelassenen Rechtsanwältinnen und Rechtsanwälte über Jahre nachhaltig und engagiert gekämpft habe. Als diese Singularzulassung mit dem 30. Juni 2002 aufgehoben wurde, galt es, die Sozietät entscheidend auf erstinstanzliche Mandate sowie Beratungsmandate auszurichten. Es ist die ganz große Leistung der in diesen Jahren für die Sozietät Verantwortung tragenden Partner, die Sozietät auf die neu geschaffenen Arbeitsfelder ausgerichtet zu haben. Dadurch konnte die Sozietät nicht nur ihre bisherige Größe erhalten, sondern wachsen und ihr Gewicht weiter steigern.

Frage:.
  Gibt es noch weitere, vielleicht nicht ausgeschöpfte Möglichkeiten oder hat die Sozietät ihr Optimum erreicht?

Dr. Mennemeyer:
  Die Grenzen des Wachstums sind nach meiner Meinung noch lange nicht erreicht. Der Erfolg „Eick" ist wesentlich darauf zurückzuführen, dass die prosperierende Entwicklung ausnahmslos „aus eigener Kraft"

geschafft wurde. Zusammenschlüsse mit anderen Sozietäten oder gar Fusionen mit anderen Partnern haben nicht stattgefunden. Die eigene „man-power" der Sozietät wird auch in Zukunft dazu führen, dass bereits bediente Märkte noch mehr durchdrungen und neue Marksegmente erschlossen werden können.

Frage:
Können Sie sich angesichts des 100-jährigen Jubiläums in die Tradition der Sozietät hineinfühlen?

Dr. Mennemeyer:
Bis zur Aufnahme meiner Tätigkeit als Rechtsanwalt beim Bundesgerichtshof konnte ich die Geschicke der Sozietät 25 Jahre mit gestalten. Von daher kann ich mich in die hundertjährige Tradition von „Eick" gut hineinfühlen. Wenn sich seit der Praxisgründung im Jahr 1908 auch vieles geändert hat, so bleibt festzuhalten, dass Solidität und Verlässlichkeit sowie ein realistischer Sinn für das Machbare durchgängig die die Sozietät zum Erfolg führenden wesentlichen Kriterien waren und sind.

Frage:
Wäre es möglich, Ihre Auffassung über den zukünftigen Weg der Sozietät und ihre Bedeutung in der Rechtspflege kurz darzustellen?

Dr. Mennemeyer:
Die nächsten zehn bis zwanzig Jahre werden dadurch geprägt sein, dass die augenblicklichen Seniorpartner der Sozietät in Zukunft nicht mehr in dem gewohnten Umfang zur Verfügung stehen werden. Für mich gilt dies schon heute, wobei es in den kommenden Jahren darum gehen wird, der Sozietät die gewachsenen Kontakte zu erhalten und darüber hinaus neue Kontakte und Berufsfelder zu schaffen und auszubilden, die über den zukünftigen Weg der Sozietät entscheiden werden. Ich bin zuversichtlich, dass die Sozietät, die während der Zeit meiner Mitverantwortung in den Kreis der hundert größten deutschen Anwaltspraxen geführt werden konnte, auch in Zukunft ihren Platz in der deutschen Anwaltslandschaft sichern und weiter nach vorne entwickeln kann.

Das Interview führte Günter Beaugrand

Alles begann im Frühjahr 1990 ...

Rechtsanwalt Uwe Human erlebt den Start der
„Sozietät Dr. Eick & Partner" in den neuen Bundesländern

Wieder einer dieser Montage! 5.20 Uhr, der Wecker klingelt. Früh aufstehen, was mir überhaupt nicht liegt. Es gilt, den Zug um 6.50 Uhr von Diepholz nach Hamburg zu bekommen, um von dort mit dem EC nach Dresden zu fahren. Dresden? Was suche ich da, wie bin ich dorthin gekommen?

März 1990. Ein normaler Arbeitstag in der OLG-Kanzlei Dr. Eick und Partner, Hamm. Dieser Frühjahrstag scheint wieder einer der ganz normalen, geregelten und von keinen großen Aufregungen geprägter Arbeitstag zu werden. Doch dies scheint nur so. An diesem Tag erhält unsere Kanzlei, das heißt mein Sozius Rainer Heß, einen Anruf, der zu weitreichenden Veränderungen für die Kanzlei und besonders auch für mich führen wird. Der Anruf stammt aus der damals noch existierenden DDR, genauer gesagt aus Döbeln in Sachsen. Döbeln, heute eine kleine Kreisstadt an der A 14, etwa auf der Mitte zwischen Dresden und Leipzig gelegen.

Der Anrufer, Herr F., ist Chef des Volkseigenen Betriebes (VEB) Jugendmöbelwerke Döbeln. Er ist auf der Suche nach kompetenter anwaltlicher Hilfe, die er nur im Westen zu finden glaubt. Am Ende des Telefonats, das der Qualität nach einem Gespräch in irgendeinem Dritte-Welt-Land entsprach und mehrmals unterbrochen und wieder aufgenommen werden musste, steht fest: Mein Sozius Dr. Heß soll zu Beginn der nächsten Woche den VEB Jugendmöbelwerke Döbeln und seinen – nach heutiger Terminologie – Geschäftsführer aufsuchen, um anwaltliche Beratung, in welcher Hinsicht und auf welchen Gebieten ist völlig unklar, zu erbringen.

Diese exotische Kunde macht schnell ihren Weg im Hause Dr. Eick und Partner und erreicht auch den Unterzeichneten, der zu diesem Zeitpunkt gegenüber dem Stammhaus in der etwas vom täglichen Geschehen abgeschotteten Dependance sitzt und seinem gewohnten OLG-Geschäft nachgeht.

Abenteuerliche Fahrt nach Döbeln

Interessant wird die Angelegenheit, als Dr. Heß einen Mitfahrer und Mitstreiter für das Abenteuer Jugendmöbelwerke Döbeln sucht. So richtige Begeisterung tut sich nirgends auf. Anders bei mir. Verspricht doch die Fahrt nach Döbeln ein kleines Abenteuer zu werden, nicht nur deshalb, dass völlig unbekannt ist, was uns dort in beruflicher Hinsicht erwartet. Die Fahrt in den Osten könnte auch zugleich ein touristisches Highlight sein. Ich, der bis zu diesem Zeitpunkt bereits weltweit unterwegs war und insbesondere in den 1970er-Jahren einen Großteil der sogenannten Ostblockstaaten – Tschechoslowakei, Ungarn, Rumänien, Bulgarien sowie das angeblich blockfreie Jugoslawien – bereist hatte, war bis zu diesem Zeitpunkt noch nie in der DDR gewesen.

Gesagt getan: Wenige Tage später, an einem sehr sonnigen, sehr warmen Frühlingstag des Jahres 1990 machen sich Dr. Heß und ich auf den Weg gen Osten. Über die Autobahn nach Kassel, von dieser auf der A 7 südwärts bis zum Kirchheimer Dreieck und dann auf der A 4 Richtung Osten. Bereits am Kirchheimer Dreieck beginnt das Abenteuer. Die A 4 ist eine alte, nicht über einen Standstreifen verfügende Autobahn, die hinsichtlich ihres Ausbauzustandes vieles zu wünschen übrig lässt. Der Verkehr auf dieser Autobahn, insbesondere der Lkw-Verkehr gen Osten, ist extrem. Auf der rechten Spur reiht sich Lkw an Lkw. Langsam rollt die Karawane in Richtung Grenzübergang Herleshausen. Abrupt wird die Fahrt in Wommen unterbrochen. Hier endet die Autobahn. Der heute vorhandene Autobahnabschnitt über den sogenannten Thüringer Zipfel auf dem Gebiet der DDR war noch nicht erstellt. Wir müssen den Thüringer Zipfel auf hoffnungslos mit Lkw's überfüllten Landstraßen umfahren. Kurz vor Herleshausen dann wieder zurück auf die A 4. Ab hier gleicht die Autobahn einem Lkw-Parkplatz. Standstreifen und rechte Fahrspur dicht an dicht voller stehender Lkw's.

Grenzkontrolle Herleshausen ohne Kontrollfunktion

Unmittelbar vor dem Grenzübergang Herleshausen noch ein letzter Tankstopp, denn man weiß ja nie, wann und ob man in der DDR überhaupt hinreichend Sprit erhalten kann. Zurück auf der Autobahn

Rechtsanwalt Uwe Human bahnte bereits 1990 den Weg für das Engagement der „Sozietät Dr. Eick & Partner" in den neuen Bundesländern.

gelangen wir dann zur DDR-Staatsgrenze und der dortigen Grenzkontroll- und Abfertigungsanlage Herleshausen: ein riesiger Komplex, bei dem wir die Autobahn verlassen und durch zahlreiche Sperren slalomartig an Grenzbeamten der DDR vorbeifahren müssen, ohne dass auch nur einer dieser Beamten Anstalten macht, uns aufzuhalten oder zu kontrollieren. Eine gespenstische Szene. Zahlreiche Grenzsoldaten und Grenzbeamte der DDR, Wachtürme, Stacheldraht, Betonsperren und das ganze Instrumentarium einer umfassenden Grenzkontrolle ohne wirkliche Funktion!

Zurück auf der A 4 geht es dann zunächst auf einer erstaunlich guten, neu ausgebauten Autobahn weiter Richtung Osten. Bereits nach kurzer Zeit ist jedoch die erste große Veränderung nach dem Grenzübertritt festzustellen. Auf gut deutsch gesagt: Es stinkt. Und was stinkt? Es sind die Auspuffgase aus den Zweitaktmotoren der ostdeutschen Trabant- und Wartburg-Autos. Ein Gestank, der bereits innerhalb kurzer Zeit Kopfschmerzen verursacht. Nach Eisenach mischt sich ein weiterer DDR-Geruch hinzu: Der Geruch der Braunkohlenfeuerung. Impertinent, an allem dauerhaft klebend, für westdeutsche Nasen völlig ungewohnt und zudem auch ein weiterer Quell von Kopfschmerzen.

Begegnung in Waldheim

Nach einigen Kilometern dann die straßentechnische Ernüchterung. Die bis auf der Höhe von Eisenach gut ausgebaute Autobahn wechselt abrupt wieder in eine alte Autobahn ohne Standstreifen mit mangelhaftem Oberflächenbelag. Zu den ungewohnten Gerüchen mischt sich das monotone Rumpeln beim Überfahren der Fugen der mit Betonplatten ausgelegten Fahrbahn. Begleitet von diesen und anderen Beschwernissen erreichen wir schließlich die Stadt Waldheim, den mit dem eingangs erwähnten Anrufer des VEB Jugendmöbelwerke Döbeln vereinbarten Treffpunkt.

Waldheim – der Name sagte uns nichts. Erst später erfuhren wir, dass hier nach 1945 in den Waldheimer Prozessen politische Schauprozesse durchgeführt wurden, bei denen die Angeklagten zu hohen Haftstrafen und auch Todesstrafen verurteilt wurden. Bereits an unserem ersten Tag sagte man uns, dass Waldheim auch in neuerer Zeit über ein großes Gefängnis verfüge, in dem politische Häftlinge einsaßen. Unser erster Eindruck von Waldheim war der einer kleinen Stadt mit schöner alter Bausubstanz, die den Eindruck einer Filmkulisse lieferte, und zwar deshalb, weil trotz des herrlichen Frühlingswetters die Stadt wie ausgestorben schien. Eine Zeitlang war kaum eine Menschenseele auf den Straßen anzutreffen. Eine Seele trafen wir aber dann doch, Herrn Wadewitz, damals Direktor des Kreisgerichts Döbeln, heute Richter am Amtsgericht Oschatz, der bei dem zufälligen Zusammentreffen auf den Straßen Waldheims meinen Sozius Rainer Heß auf das Freundlichste begrüßte. Und hier schließt sich der erste Kreis und beantwortet zugleich die Frage, wieso der Leiter des VEB Jugendmöbelwerke Döbeln im Frühjahr 1990 telefonisch in der „Sozietät Dr. Eick & Partner" um anwaltliche Hilfe nachsuchte.

Überalterte Produktionsstätten in Döbeln

Die Wurzeln liegen einige Monate früher. Nach der friedlichen Revolution und dem Fall der Mauer im November 1989 besucht eine Delegation aus Döbeln im Rahmen einer Städtepartnerschaft Unna in Westfalen, den Heimat- und Wohnort meines Sozius Rainer Heß. Ein mit ihm befreundeter Anwaltskollege war mit der Betreuung der Delegation betraut. An einem Abend, an dem er verhindert ist, bittet er Rainer Heß, sich um die Gäste aus Döbeln zu kümmern. Das geschieht offenkundig so gut, dass ein tiefgehender Eindruck bleibt, zumindest bei Herrn Wadewitz, dem besagten Direktor des Kreisgerichts Döbeln, der der Delegation angehörte. Im Frühjahr 1990 spricht dann der eingangs erwähnte Leiter des VEB Jugendmöbelwerke Döbeln Herrn Wadewitz an, ob dieser ihm nicht einen kompetenten Westanwalt empfehlen könne, da der VEB angesichts der sich mit zunehmender Geschwindigkeit anbahnenden Veränderungen in der politischen und wirtschaftlichen Welt der DDR dringend auf qualifizierte Rechtsberatung angewiesen sei. Herr Wadewitz erinnerte sich spontan an meinen Sozius Rainer Heß, was zu dem bereits geschilderten Telefongespräch, der Reise in den Osten und einem ersten Treffen in Waldheim führt.

Das Zusammentreffen mit Herrn F. vom VEB Jugendmöbelwerke Döbeln und die während dieses zweitägigen Besuches gewonnenen Eindrücke sind nachhaltig. Der Produktionsbetrieb, den wir kennenlernen, ist völlig überaltert. Der Zustand der Produktionsstätten sowie die vorhandenen Maschinen erinnern an Zustände, die ich aus Kindheitstagen noch kenne. Auch im Verwaltungsbereich herrscht Anachronismus. Moderne Bürokommunikationsmittel wie Telefax, Kopierer, Diktiergeräte oder PCs sind Fehlanzeige. Geschrieben wird auf uralten Schreibmaschinen mit Durchschlägen. Die telefonische Kommunikation ist arg eingeschränkt. Nach Westdeutschland sind Gespräche kaum und – wenn überhaupt – nur in schlechter Qualität und nach langer Wartezeit möglich. Selbst innerhalb der DDR besteht nur ein eingeschränkter Telefonverkehr. Private Telefonanschlüsse gibt es kaum. Vorhandene Telefonanschlüsse selbst in Betrieben sind häufig Doppel- und Dreifachanschlüsse, die man mit anderen Nutzern teilen muss.

Demgegenüber ist der Bedarf an qualifizierter Unterstützung und Beratung immens. Innerhalb weniger Wochen und Monate hat sich das gesamte Wirtschaftssystem verändert. Bereits im Frühjahr 1990 durchläuft die DDR einen an Geschwindigkeit stets zunehmenden Wandel, obwohl zu diesem Zeitpunkt von einer Wirtschafts- oder Währungsunion (1. 7. 1990) oder gar von einem Beitritt der DDR zur Bundesrepublik Deutschland – der Wiedervereinigung – noch nicht die Rede ist. Wochen nach unserem ersten Besuch spricht der damalige Bundeskanzler

Dr. Helmut Kohl davon, dass er sich hinsichtlich der beiden deutschen Staaten eine konföderierte Struktur vorstellen könne, ohne dass deren Einzelheiten bereits greifbar gewesen wären.

Eine Zeitreise in die Vergangenheit

Für mich stand nach diesen ersten Eindrücken fest, dass zwischen Ost und West Welten lagen. Bereits mit dem ersten Grenzübertritt und bei allen weiteren nachfolgenden Besuchen und Arbeitsaufenthalten trat das Gefühl einer Zeitreise ein: dreißig bis vierzig Jahre zurück.

Die Eindrücke bei unserem ersten Besuch waren so vielfältig, dass ihre Wiedergabe ein ganzes Buch füllen würde. Viele dieser Eindrücke sind über die Jahre verblasst, geschönt oder auch mit damals nicht vorhandenen weiteren negativen Bewertungen versehen worden. Dies beginnt mit der sagenumwobenen ersten Nacht in einem seit Längerem geschlossenen Hotel, für das wir durch den Leiter des VEB Jugendmöbelwerke die Schlüssel erhielten. Ein ganzes Hotel für uns, kein Personal, kein akzeptables Bad, keine Minibar – und das bei geradezu rekordverdächtigen Temperaturen. Ein Schild am Hotel erinnert daran, dass hier Goethe auf einer seiner Reisen abgestiegen war. Nach unserem Eindruck befand sich das Hotel noch in demselben Zustand wie zu Goethes Zeiten. Oder die Unterkunft bei einem späteren Aufenthalt in Mittweida: Zimmer mit fließendem Wasser (an den Wänden) und Doppel(Ehe)bett für meinen Sozius und mich. Reisen schweißt zusammen.

Fest steht, dass aus diesem anfänglichen Abenteuerbesuch nach einer zweijährigen Tätigkeit in Döbeln, die nach kurzer Zeit allein durch mich ausgeführt wurde, Ende Januar 1992 der erste Standort der „Sozietät Dr. Eick & Partner" in den neuen Bundesländern entstand, über dessen Gründung und Entwicklung an anderer Stelle dieser Jubiläumsschrift in dem Artikel „Standort Dresden" (siehe Seite 139) berichtet wird.

Uwe Human

Standort Hamm

Schützenstraße 10, 59071 Hamm

Über den Standort Hamm ist schon vieles im Rahmen der Chronik der „Sozietät Dr. Eick & Partner" dargestellt worden. Deshalb will sich das „Mutterhaus" an dieser Stelle nur kurz vorstellen.

In der 100-jährigen Geschichte sind, wie bereits ausgeführt, die ersten achtzig Jahre von der Singularzulassung beim Oberlandesgericht Hamm geprägt. Die Umwandlung des Standortes Hamm in eine Zentrale der überregionalen Sozietät vollzog sich bereits in den 1980er-Jahren, als sich der drohende Verlust der Singularzulassung abzeichnete und zunächst die arbeitsrechtliche Abteilung und das Notariat aufgebaut wurden.

Mit der Wiedervereinigung Deutschlands im Jahr 1990 und der Eröffnung der Kanzleien in den neuen Bundesländern sowie schließlich der Kanzleien in Bochum und München änderte sich das Bild des Standortes Hamm. Das wichtige Arbeitsgebiet Staatshaftung wurde und wird ebenso wie das Medizinrecht und das Recht der Verkehrssicherungspflicht der Kommunen im Hinblick auf die Spezialisierung der Anwälte zentral von Hamm aus bearbeitet.

Heute ist der Seniorpartner Hermann Schumacher mit seiner Mannschaft, den Rechtsanwälten Jörn Quadflieg, Dr. Thomas Pfeiffer, Volkhard Wittchen und Christoph Koch, im gesamten Bundesgebiet unterwegs, um Fälle der Staatshaftung, des öffentlichen und privaten Baurechts, des Vergaberechts, der Kommunalhaftung und des Verwaltungsrechts zu vertreten.

Auch die medizinrechtliche Anwaltskompetenz ist in Hamm beheimatet. Der Seniorpartner Prof. Dr. Karl Otto Bergmann wird von Dr. Martin Alberts, Iris Karthaus, Dr. Carolin Wever und Anke Vierling unterstützt. Dr. Siegfried Mennemeyer, der ab den 1980er-Jahren die arbeitsrechtliche Abteilung aufgebaut hat, steht heute nur noch als Of Counsel zur Beratung im Einzelfall zur Verfügung, während Dr. Hubert Menken, Dr. Dagmar Keysers und Dr. Katja Mihm vor allem Krankenhäuser arbeitsrechtlich beraten und überregional arbeitsrechtliche Verfahren führen.

Das Versicherungsrecht mit Schwerpunkt Personenversicherung wird durch Prof. Dr. Karl Otto Bergmann, Dr. Martin Alberts und Volkhard Wittchen vertreten, während das Verkehrsrecht und das Recht der Verkehrssicherungspflicht in den Händen von Bodo Herz, Jens Schidlowski und Helga Arendt liegen. Das Familienrecht einschließlich der von den Städten betriebenen Unterhaltsverfahren wird durch Dr. Diethild Hüsing-Exner betreut.

Das rasche Wachstum des Hammer Standortes auf heute nahezu zwanzig Anwälte und vierzig nicht anwaltliche Mitarbeiterinnen und Mitarbeiter hat dazu geführt, dass die Zentrale auf vier Häuser verteilt ist. Dies hat natürlich Vorteile und Nachteile: Vorteile der Flexibilität, aber auch den Nachteil des höheren organisatorischen Aufwandes.

Ausgeglichen wird dieser Nachteil durch den Reiz, im Osten der Stadt Hamm in zwei sehr schönen Villen, zum einen aus der Jugendstilzeit, zum andern aus der Bauhauszeit, leben und arbeiten zu können.

Viele Bilder des mit uns eng verbundenen Künstlers Dusan Jovanovic erfreuen Bewohner und Besucher: eine große Bronzestatue der „Justitia", eine Stahlplastik im Garten und ein mehrere Quadratmeter großes Wandbild.

Die zentrale Lage in Deutschland, die hervorragende Verkehrsanbindung und schließlich die Tatsache des Ursprungs in dieser Juristenstadt Hamm sollten Gewähr dafür sein, dass auch in den nächsten Jahrzehnten von Hamm aus die Geschicke der „Sozietät Dr. Eick & Partner" erfolgreich gelenkt werden können.

Prof. Dr. Karl Otto Bergmann

Standort Bochum

Massenbergstraße 17, 44787 Bochum

Der Startschuss für den ersten Standort neben Hamm in den alten Bundesländern war durch eine Entscheidung des Bundesverfassungsgerichts bedingt: Mit der Abschaffung der Singularzulassung, zudem noch in der viel zu kurzen Frist von einem Jahr, war uns allen klar, dass das ursprüngliche Mandatsaufkommen mit Berufungsmandaten von erstinstanzlich tätigen Anwälten weitgehend verloren gehen würde – eine Einschätzung, die sich dann als richtig erwies.

Bei der Wahl des Standortes spielte der Zufall eine wesentliche Rolle. Es war klar, dass der neue Standort im Ruhrgebiet, vielleicht auch im Rheinland liegen sollte. Da Rechtsanwalt Dr. Rainer Heß aus dem Randbereich des Ruhrgebiets, aus Unna, stammt und dort auch wohnt, bot es sich an, eine nicht zu weit von dort entfernte Stadt anzusteuern. Dass dann die Wahl auf Bochum fiel, ergab sich aus Gesprächen mit den Geschäftsführern des Kommunalen Schadensausgleichs Bochum sowie des Haftpflichtverbandes Deutscher Nahverkehrsunternehmen, die den Vorschlag machten, unsere Kanzlei im Sitz ihrer Unternehmen

Mit Wunderkerzen gratulieren die Mitarbeiterinnen und Mitarbeiter der Kanzlei Bochum der Sozietät Dr. Eick & Partner zum 100-jährigen Jubiläum. Unser Bild zeigt von links nach rechts: Dr. Christoph Hugemann, Dr. Alexander Fritze, Michael Herkenhoff, Helga Arendt, Bürovorsteherin Horschmann, Dr. Rainer Heß, Dirk Buller.

einzurichten, einer von ihnen erworbenen früheren Berufsschule, die zum Bürohaus umgebaut wurde. Im Erdgeschoss waren noch 250 qm frei, die uns zum Mieten angeboten wurden. Spontan sagten wir zu.

Die Rechtsanwälte Drs. Rainer Heß, Alexander Fritze und Christoph Hugemann sowie die Rechtsanwältin Helga Arendt zogen dann am 11. März 2002 in das erst teilweise fertiggestellte Gebäude Arndtstraße 20 in der Bochumer Innenstadt zwischen Bahnhof und Landgericht. Mit zum Team gehörte auch Rechtsanwalt Hermann Lemcke, der mit seinen haftpflichtrechtlichen Spezialkenntnissen und seinem Ansehen in der Versicherungswirtschaft aus unserer Praxis nicht wegzudenken ist. Wir haben ihm vor allem in der Startphase viel zu verdanken. Für den organisatorischen Aufbau der Praxis konnte man sich auf Frau Horschmann verlassen, die bereits wichtige Aufbauarbeit für das Büro Brandenburg geleistet hatte.

Die Ausrichtung unserer Praxis in Bochum erfolgte mit dem klaren Schwerpunkt auf das Haftungs- und Versicherungsrecht. Es dauerte einige Zeit, bis durch gute forensische Arbeit, aber auch durch Vorträge und Veröffentlichungen die speziellen Aufgabenbereiche unserer Praxis in Bochum und darüber hinaus bekannt waren und neue Mandanten gewonnen werden konnten. Doch auch viele Mandanten aus alten OLG-Zeiten blieben uns treu und legten den Grundstock für unser Bochumer Büro.

Das Büro entwickelte sich gut, sodass unser Team um die Rechtsanwälte Dirk Buller und Michael Herkenhoff verstärkt wurde. Rechtsanwalt Herkenhoff kam vom Standort Brandenburg der „Sozietät Dr. Eick & Partner" nach Bochum, wo er seine inzwischen schon jahrzehntelangen Erfahrungen in sämtlichen Gebieten des Haftungsrechts, insbesondere des Medizinischen Haftungsrechts, einbringt. Die erfolgreiche Entwicklung des Bochumer Standorts erforderte aber nicht nur weitere Mitarbeiter, sondern auch größere Räumlichkeiten für die Kanzlei, sodass wir in der Nähe unserer bisherigen Praxis in der Massenbergstraße ein neues Büro bezogen, in das als weiterer Partner Rechtsanwalt Figgener eintrat.

Seitdem geht die Entwicklung unserer Kanzlei weiter. Rechtsanwalt Dr. Michael Nugel kam aus Hamm als Spezialist auf dem Gebiet des Versicherungs- und Verkehrsrechts. Die beiden Rechtsanwältinnen Edith Schwarzkopf und Kirsten Pattberg verstärkten das Team weiter, das mit Zuversicht – wie die gesamte „Sozietät Dr. Eick & Partner" – in die Zukunft blickt.

Dr. Rainer Heß

Standort Dresden
Eisenstuckstraße 46, 01069 Dresden

Die während der Tätigkeit in Döbeln – siehe auch Artikel „Alles begann im Frühjahr 1990" auf Seite 127 – gewonnenen Kontakte vor Ort, insbesondere zu den Kommunen und nicht zuletzt zu dem neu gegründeten Kommunalen Schadensausgleich der neuen Bundesländer, führten zu einem stetigen Anstieg der Mandate und in der Konsequenz zu der Notwendigkeit, ein eigenes Büro zu eröffnen. Dass dieses Ende

Januar 1992 nicht in Döbeln, sondern in Dresden gegründet wurde, ist verschiedenen Umständen zuzuschreiben. Zum einen zeichnete sich ab, dass mit der Umstrukturierung der Gerichte in den neuen Bundesländern Döbeln kein Landgericht, sondern allenfalls ein Amtsgericht erhalten würde. Dresden hingegen wurde nicht nur Sitz des Landgerichtes, sondern auch des Oberlandesgerichtes.

Zudem ergab sich über eine Kooperation mit einer Düsseldorfer Kanzlei, deren Senior gebürtiger Dresdner war, die Möglichkeit, Büroräume relativ problemlos zu bekommen, was auf dem angeheizten Immobilienmarkt in Dresden zu diesem Zeitpunkt keineswegs ein leichtes und schon gar nicht ein billiges Unterfangen war. Nettokaltmieten zwischen dreißig und siebzig DM pro Quadratmeter waren an der Tagesordnung, nicht nur für Büroräume, sondern auch für renovierten, Weststandard entsprechenden Wohnraum. Auch dieses Problem konnte gelöst werden, da der Sozius der Düsseldorfer Kanzlei ein enteignetes Haus in Dresden, das zudem auch noch von Verwandten bewohnt wurde, zurückerlangte und bereits vor formeller Rückgabe faktisch in Beschlag genommen hatte.

In dieser Immobilie errichteten wir unser erstes, damals gemeinsames Büro mit den Düsseldorfer Kollegen. Statthalter der „Sozietät Dr. Eick & Partner" wurde ich, nachdem ich meine Ehefrau bei langen Gesprächen und wiederholten Ausflügen in den Osten davon überzeugen konnte, das Abenteuer Ost gemeinsam zu wagen. Dies ging auch nur deshalb, weil es meiner Frau gelang, eine interessante Anstellung bei der Stadt Dresden zu erlangen und wir kinderlos waren. Kinder wären ein absolutes Ausschlusskriterium für eine Übersiedlung in den damals ebenso wilden wie aus unserer Sicht unterentwickelten Osten gewesen. Alle Faktoren der Lebensqualität waren negativ: Kein vernünftiger, ausreichender Wohnraum, eine völlig unzureichende Infrastruktur, unzureichende urbane Verhältnisse und schließlich fehlende adäquate Einkaufsmöglichkeiten.

Die Tätigkeit in der Kanzlei Dresden nahm ich zusammen mit dem zwischenzeitlich leider verstorbenen Kollegen Dr. Niermann auf, der als Statthalter der Düsseldorfer Kanzlei fungierte, jedoch durch einen Kontakt meines Sozius Hermann Schumacher geworben worden war.

Das Team des Standortes Dresden. Unser Bild zeigt von links nach rechts: Rechtsanwälte Sven Singer, Ulrich Hundert, Uwe Human sowie Rechtsanwältin Claudia Sänger-Männel und Rechtsanwalt Frank Mikulin.

Dr. Niermann, Jahrgang 1929, war in seinem ersten Berufsleben Jurist und Kommunalbeamter, zuletzt über mehrere Wahlperioden Stadtdirektor der Stadt Minden in Westfalen. Da er sich für den Ruhestand zu jung fühlte, übernahm er zusammen mit mir den Aufbau des Standortes Dresden und insbesondere die hiermit verbundene Kommunalberatung, bei der er sein über Jahrzehnte in der Praxis erworbenes Wissen für die betreuten sächsischen Kommunen einsetzen konnte. Diese Tätigkeit führte Kollege Dr. Niermann, nachdem die Zusammenarbeit mit der Düsseldorfer Kanzlei beendet wurde und diese sich aus Sachsen zurückzog, in der „Sozietät Dr. Eick & Partner" bis zu seinem endgültigen Übertritt in den Ruhestand Ende der 1990er-Jahre fort.

Aus dem Abenteuer Ost mit seiner wilden Anfangszeit wurde mit zunehmender Besserung der Lebensqualität und Infrastruktur ein fast normales Leben und eine überaus normale berufliche Tätigkeit in Dresden/Sachsen. Doch nichts ist so beständig wie der Wechsel. Aufgrund einer beruflichen Veränderung meiner Frau, bedingt durch familiäre Anforderungen, bin ich wieder zum Pendler zwischen Ost und West geworden. So wie wir in den ersten Jahren, genau bis 1994, stets und regelmäßig zu unserem Hauptwohnsitz in Hamm pendeln mussten, so pendele ich nunmehr seit Dezember 2006 ständig von Dresden nach Diepholz, dem neuen gemeinsamen ehelichen Wohnsitz. Reisen lag mir schon immer im Blut und war letztlich auch der Antrieb für die Entdeckungsfahrt gen Osten. Der Standort Dresden hat sich demgegenüber konsolidiert von einem Ein-Mann bzw. Zwei-Mann-Büro zu einem nunmehr über sechs und demnächst sieben Anwälte verfügenden Standort.

Dresden war auch der Beginn der mit dem Fall der Mauer 1989 beginnenden neuen Ära Dr. Eick und Partner mit – außer dem Stammhaus – acht Kanzlei-Standorten in der gesamten Bundesrepublik, davon fünf Standorten in den neuen Bundesländern. Betrachtet man die vergangenen 18 Jahre, so muss ich für mich persönlich feststellen, dass ich mich auf das Abenteuer Ost nicht eingelassen hätte, wenn ich 1990 all das gewusst hätte, was ich heute weiß. Ich muss zugleich feststellen, dass ich keine einzige Erfahrung, die ich in den Jahren von 1990 bis 2006 machen konnte, wirklich missen möchte. Ungeachtet dieser persönlichen Einschätzung war und ist die erste Reise nach Döbeln der Grundstein für die ebenso wichtige wie zukunftsweisende Entwicklung der „Sozietät Dr. Eick & Partner" gewesen.

Uwe Human

Standort Brandenburg

Gertrud-Piter-Platz 7, 14770 Brandenburg

Das Büro in Brandenburg an der Havel wurde als zweiter Außenstandort des Mutterhauses Hamm im Jahr 1995 gegründet. Maßgebend für die Ortswahl war der Sitz des dort seit 1993 bestehenden Brandenburgischen Oberlandesgerichts. Entscheidend für den Zeitpunkt war die Einführung der Singularzulassung mit Beginn des Jahres 1995 in Brandenburg.

Die Mühen der ersten Aufbauarbeit in Brandenburg nahmen das langjährige Sozietätsmitglied Rechtsanwalt Kurt Wältken und Dajana Misic auf sich. Abgesehen von den mit jeder Neugründung verbundenen Schwierigkeiten waren zusätzlich die Probleme der auch fünf Jahre nach der Wende noch mäßigen Infrastruktur zu überwinden. Die bescheidenen Büroräume in der Hauptstraße boten separat auch Unterkunft.

Die Praxis lief rasch gut an. Am 1. Juni folgte Verstärkung durch Rechtsanwältin Dr. Tamara Große-Boymann. Als Rechtsanwalt Wältken sich Ende 1995 unter Aufrechterhaltung seiner Zulassung beim OLG überwiegend in das heimatliche Hamm zurückzog, arbeitete bereits eine lebhafte Kanzlei, die in den folgenden beiden Jahren weiter ausgebaut wurde.

Um die Jahreswende 1997/98 konnte das heute noch genutzte Kanzleigebäude am Gertrud-Piter-Platz in Sichtweite des Oberlandesgerichts bezogen werden. Dieser Zeitpunkt markiert aber besonders deshalb einen Einschnitt für den Standort Brandenburg, weil die bisherige Besetzung zwar noch den Umzug organisierte, sich aber dann mit allen Mitarbeitern von der Sozietät trennte, sodass neben dem neuen Büro und einem gewissen Aktenbestand nichts verblieb.

Das Jahr 1998 war dennoch – entgegen mancher skeptischer Prognose aus den eigenen Reihen – durch eine erfolgreiche Konsolidierung gekennzeichnet. Rechtsanwalt Wältken kam wieder zurück, und Rechtsanwalt Dr. Alberts aus dem Mutterhaus Hamm verlegte seine Tätigkeit für etwa ein halbes Jahr nach Brandenburg. Noch vor dem Herbst konnte das Büro wieder aus eigener Kraft arbeiten. Es wird seither von den Rechtsanwälten Uwe Böhrensen und Martin Michalcik geleitet, tatkräftig unterstützt durch die Bürovorsteherin Ursula Steinborn und weitere Mitarbeiter, die überwiegend 1998 eingestellt wurden und bis heute in der Kanzlei tätig sind. Seit einigen Jahren verstärkt Rechtsanwältin Isabel Uhlmann das Team.

Nächster gravierender Einschnitt war der vom Bundesverfassungsgericht beschlossene Wegfall der Singularzulassung ohne nennenswerte Übergangsfrist im Jahr 2002. Die bis dahin überwiegend auf Verfahren vor dem Oberlandesgericht ausgerichtete Tätigkeit war nun durchgreifend umzugestalten. Die Kanzlei ist seitdem weiterhin überwiegend forensisch ausgerichtet. Geführt werden Prozesse insbesondere vor den Landgerichten Brandenburgs, Berlins und Sachsen-Anhalts mit dem Schwerpunkt auf Staatshaftung, Arzthaftung/Medizinrecht, Allgemeine Haftpflicht, Kfz-Haftpflicht, Bau- und Architektenrecht. Beratende Tätigkeit wird für verschiedene Kommunen und Landkreise des Landes Brandenburg entfaltet – eine Aufgabe, die in Zukunft noch weiter ausgebaut werden soll.

Berufsrechtliches Engagement äußert sich darin, dass Rechtsanwalt Böhrensen seit 2002 als Präsident des Brandenburgischen Anwaltsgerichtshofes tätig ist und Rechtsanwalt Michalcik dem Fachanwaltsausschuss der Rechtsanwaltskammer für Medizinrecht angehört.

Uwe Böhrensen

Das Team des Standorts Brandenburg, wo Uwe Böhrensen (rechts), Martin Michalcik (links) und Isabel Uhlmann (hintere Reihe, zweite von links) die Aufgaben der Sozietät wahrnehmen.

Standort Erfurt

Anger 63, 99084 Erfurt

Der Standort Erfurt, in dem heute neun Rechtsanwälte tätig sind, nahm am 1. Juli 1995 seine Arbeit auf. Anlass für die Gründung der Kanzlei war, die Prozessvertretung für die Kommunen in Amtshaftpflichtverfahren vor Ort sicherzustellen. Mit der Errichtung des Büros wechselte auch Rechtsanwalt Dr. Michael Burmann von Westfalen nach Thüringen. Anfangs beschränkte sich die Tätigkeit ausschließlich auf gerichtliche Verfahren mit dem Gegenstand einer behaupteten Amtspflichtverletzung, vor allem Verkehrssicherungspflichtverletzung.

Die Straßen in Thüringen waren im Jahr 1995 noch in einem äußerst desolaten Zustand. Viele Autofahrer wurden Opfer von Schlaglöchern. Sie führten die entstandenen Schäden dann nicht auf ihre eigene Unaufmerksamkeit zurück, sondern sahen die Verantwortung bei den verkehrssicherungspflichtigen Kommunen.

Allerdings erstreckte sich die Tätigkeit der Erfurter Kanzlei bereits nach kurzer Zeit auch auf andere Bereiche. Als erstes kam das Ver-

Die Belegschaft des Standortes Erfurt der Sozietät Dr. Eick & Partner.

kehrsrecht hinzu. Hier erfolgte nicht nur die Geltendmachung bzw. Abwehr zivilrechtlicher Ansprüche, sondern es entwickelte sich auch ein starker Bereich der Verteidigung in Verkehrsstrafsachen bzw. Ordnungswidrigkeitsverfahren. Daneben gewann die Architektenhaftpflicht immer mehr an Bedeutung. Dieser Aufgabenbereich wird heute von Dr. Gerald Schulte-Körne betreut.

Eine für die Verhältnisse der „Sozietät Dr. Eick & Partner" ungewöhnliche Ausrichtung bekam die Praxis im Jahr 2002, als Rechtsanwalt Markus J. Wolf in die Sozietät eintrat. Er betreut unter anderem die größte Zeitungsgruppe in Thüringen in presserechtlichen Fragen.

Die Anwälte der Erfurter Praxis engagieren sich darüber hinaus auch berufspolitisch. So ist Rechtsanwalt Dr. Michael Burmann seit 2001 Präsident der Rechtsanwaltskammer Thüringen.

Seit 2006 finden die von Rechtsanwalt Dr. Michael Burmann und Dr. Rainer Heß organisierten Erfurter Tage zum Schadens- und Vermögensrecht statt. Diese Tagung hat besonders in den Kreisen der Versicherungswirtschaft zwischenzeitlich große Resonanz gefunden. Sie besticht nicht nur durch ihre fachlich hervorragenden Vorträge. Wichtig für den Erfolg der Tagungsreihe ist auch die „fachliche Geselligkeit".

Dr. Michael Burmann

Standort Rostock

Große Wasserstraße 2–3, 18055 Rostock

Die Kanzlei Rostock wurde am 23. Juni 1992 noch als Einzelkanzlei von Rechtsanwältin Andrea Grossmann-Koch, die vorher in Lübeck zugelassen war, gegründet. Am 1. Juli 1993 trat dann Rechtsanwalt Böhrensen in die Kanzlei ein, die daraufhin bis zum 31. Dezember 1996 unter der Bezeichnung Grossmann-Koch und Böhrensen weitergeführt wurde.

Nach dem Ausscheiden von Rechtsanwalt Böhrensen schloss sich Rechtsanwältin Grossmann-Koch ab 1. Januar 1997 der Kanzlei Dr. Eick & Partner an, für die sowohl sie als auch der ausgeschiedene Rechtsanwalt Böhrensen schon viele Jahre vor der Soziierung als Kooperationspartner im Landgerichtsbezirk Rostock tätig gewesen waren. Schwerpunkt der „alten" Kanzlei war neben dem privaten Bau- und Architektenrecht und dem Arbeitsrecht – allerdings nur auf Arbeitgeberseite – die Übernahme von Berufungsmandanten, da in Mecklenburg-Vorpommern bis zum 30. Juni 2002 die Singularzulassung galt. Seit Anfang 1997 war sie mit den Rechtsanwältinnen Andrea Grossmann-Koch und Karde Wirtz und ab dem 1. Januar 2002 mit Rechtsanwältin Grossmann-Koch und Rechtsanwalt Niels Lüdemann besetzt.

Rechtsanwältin Andrea Grossmann-Koch und Rechtsanwalt Niels Lüdemann vertreten die „Sozietät Dr. Eick & Partner" in Rostock.

Am 1. April 1999 wurden die erweiterten Räume der in Rostock fest etablierten Kanzlei in Anwesenheit fast aller Partner, einschließlich des Seniorpartners der Sozietät, Dr. Karl Otto Bergmann, mit den Mandanten und Geschäftsfreunden der Rostocker Kanzlei eingeweiht.

Von Rechtsanwältin Grossmann-Koch werden heute Mandate insbesondere aus dem Bereich des privaten Bau- und Architektenrechts, des Arbeitsrechts einschließlich des Betriebsverfassungsrechtes – allerdings nur auf Arbeitgeberseite – und des Gesellschaftsrechtes betreut, während Rechtsanwalt Lüdemann auf dem Gebiet des allgemeinen Haftpflicht-, Kfz-Haftpflicht- und Arzthaftungsrechtes sowie in einzelnen Bereichen des Versicherungsrechtes, z. B. dem Bereich der Kasko- und Unfallversicherung, tätig ist.

Aus einer 1992 gegründeten Einzelkanzlei hat sich so eine Niederlassung entwickelt, die fest in Rostock verwurzelt ist und mit ihrer

Beschränkung auf Zivilrecht und die in diesem Bereich bestehenden Spezialisierungen eine große Anziehungskraft auf Mandanten nicht nur aus dem Bundesland Mecklenburg-Vorpommern ausübt, wobei die Beratung bei der Gestaltung von Vertrags- und sonstigen Rechtsverhältnissen sowie der einvernehmlichen Lösung bestehender Konflikte einen immer größeren Raum der anwaltlichen Tätigkeit einnimmt.

Andrea Grossmann-Koch

Die Mitarbeiterinnen (von links nach rechts) Frau Stankiewitz, Büroleiterin Frau Ihde, Frau Schrank und Frau Tretwurst wickeln im Standort Rostock die täglichen Büroaufgaben ab.

Standort Naumburg

Weißenfelser Straße 43, 06618 Naumburg

Am 1. Oktober 2000 wurde der Standort Naumburg der „Sozietät Dr. Eick & Partner" gegründet. Naumburg ist der Sitz des Oberlandesgerichts in Sachsen-Anhalt. Im Zentrum der mitteldeutschen Burgen- und Weinregion gelegen, verfügt Naumburg als ehemalige Modellstadt für Altstadtsanierung über eine seit der Wendezeit liebevoll restaurierte Innenstadt mit unzähligen historischen und baulichen Schmuckstücken. Eine Vielzahl von Justizbehörden, wie Oberlandesgericht, Amts- und Arbeitsgericht, Generalstaatsanwaltschaft und Staatsanwaltschaft, befindet sich in Naumburg. Sehenswert sind vor allem der Naumburger Dom und das Nietzsche-Haus.

*Rechtsanwalt Andreas Herbig
leitet den Standort Naumburg der
Sozietät.*

*Rechtsanwältin Cornelia Herbig
widmet sich vorwiegend dem
Familienrecht.*

Das Naumburger Büro wurde durch Rechtsanwalt Helmut-Hartwig Heuer aufgebaut. Vorausgegangen war eine langjährige berufliche Zusammenarbeit mit unserer Sozietät. Mit der Gründung des Naumburger Standortes war die Sozietät in allen neuen Bundesländern mit einer eigenen Kanzlei vertreten.

Ab 1. November 2000 verstärkte Rechtsanwalt Andreas Herbig das Team, zu dem zu diesem Zeitpunkt eine Rechtsanwaltsfachangestellte sowie zwei Auszubildende gehörten. Seit dem Frühjahr 2001 war dann auch Rechtsanwältin Cornelia Herbig für die Sozietät tätig. Im Mai 2005 schied Rechtsanwalt Heuer aus der Sozietät aus, und Rechtsanwalt Herbig übernahm als Partner die Leitung des Naumburger Büros. Damit verbunden war ein Umzug in die jetzigen Büroräume in der Weißenfelser Straße 43. Die Räume befinden sich in einer denkmalgeschützten Villa aus dem Beginn des 20. Jahrhunderts.

Überwiegend bearbeiten wir am Standort Naumburg Mandate aus dem Medizin-, Verkehrs-, Miet- und Wohnungseigentums- sowie Familien- und Arbeitsrecht. Neben der Tätigkeit für Versicherungen betreuen wir am Standort Naumburg örtlich und überörtlich tätige mittelständische Unternehmen, aber auch Freiberufler, Selbstständige und Privatpersonen. In Naumburg sind derzeit die Rechtsanwälte Andreas und Cornelia Herbig tätig.

Seit dem Jahr 2007 ist Rechtsanwalt Herbig Fachanwalt für Medizinrecht. Derzeit absolviert er einen Fachanwaltskurs zum Fachanwalt für Miet- und Wohnungseigentumsrecht. Er ist Vorsitzender des Naumburger Anwaltsvereins. Rechtsanwältin Cornelia Herbig ist überwiegend auf dem Gebiet des Familienrechts tätig. Als Regionalbeauftragte der Arbeitsgemeinschaft Familienrecht engagiert sie sich im Bereich der Anwaltsfortbildung. Außerdem ist sie Prüferin bei der Industrie- und Handelskammer Halle-Dessau in der Berufsausbildung „Kaufmann/Kauffrau im Gesundheitswesen". Das Büroteam besteht aus der Rechtsfachwirtin Sandra Heinemann, der Rechtsanwaltsfachangestellten Eva Schepinski sowie der Auszubildenden Claudia Brödner.

Andreas Herbig

Standort Schwerin
Rudolf-Breitscheid-Straße 4, 19053 Schwerin

Seit dem 1. Juni 2002 hat die Kanzlei Dr. Eick & Partner mit der Landeshauptstadt Schwerin neben Rostock einen zweiten Standort im Flächenland Mecklenburg-Vorpommern. Mit den Rechtsanwälten Holger Saubert und Jörn Gaebell waren zunächst zwei Kollegen vor Ort tätig: Rechtsanwalt Saubert hatte von 1990 an in unterschiedlichen Konstellationen mit verschiedenen Berufsträgern eine Kanzlei aufgebaut, die den „Eickern" schon vor der späteren Soziierung viele Jahre als Kooperationspartner im Landgerichtsbezirk Schwerin gedient hatte.

Schwerpunkt war neben dem privaten Bau- und Architektenrecht damals vor allem das Arbeitsrecht. Ende September 1997 war mit dem Kollegen Gaebell ein zweiter Berufsträger hinzugestoßen, der zuvor als Anwalt in Schleswig tätig gewesen war. Durch ihn wurde ein stetig wachsendes Dezernat im Strafrecht aufgebaut.

Eine Soziierungsfeier der in Schwerin bereits fest etablierten Kanzlei mit Vertretern anderer „Eick"-Standorte – unter ihnen auch der Seniorpartner der Sozietät, Herr Dr. Bergmann – fand Anfang Juni 2002 in Anwesenheit zahlreicher Mandanten und Geschäftsfreunde am damaligen Kanzleisitz in der Mozartstraße 1 statt.

Mit dem Kollegen Heiko Grunow trat im Jahr 2003 ein dritter Berufsträger in die Schweriner Niederlassung ein, der Erfahrungen insbesondere im Bank- sowie Arzthaftpflichtrecht mitbrachte und der mit der Beratung und Vertretung von Pflegeeinrichtungen und Verbänden ein komplett neues Tätigkeitsfeld erschloss.

Die Anziehungskraft der Schweriner Kanzlei auf Mandanten wuchs ebenso wie die eigenen Ansprüche. Anfang 2005 waren die Kanzleiräume zu klein, sodass der Umzug in die benachbarte Rudolf-Breitscheid-Straße 4 erfolgte, wo die Niederlassung auch heute noch ihren Sitz hat. In dieser nur 200 Meter vom Amts- und Landgerichtsgebäude

Das Kanzlei-Team Schwerin von links nach rechts: Rechtsanwälte Jörn Gaebell, Axel Pelzer und Sebastian Heine und die Fachangestellten Mandy Fritz, Kirsten Steinert und Petra Lembck. (Frau Rechtsanwältin Jarschke fehlt auf dem Foto.)

entfernten Stadtvilla saß im Obergeschoss mit eigener Kanzlei zunächst auch noch der Rechtsanwalt Axel Pelzer, ehe dieser zu Beginn des Jahres 2006 als Partner mit in die Sozietät eintrat. Als Diplom-Kaufmann und Fachanwalt für Insolvenzrecht verfügt er über umfangreiche Kenntnisse in nahezu allen Bereichen des Wirtschaftsrechts.

Mit dem Kollegen Sebastian Heine, der das selbst aufgebaute Dezernat Miet- und Wohnungseigentumsrecht sowie das Versicherungs- und Haftpflichtrecht betreut, stieß zu Jahresbeginn 2006 ein weiterer einheimischer Berufsträger dazu, der seit Anfang 2007 ebenfalls Partner ist. Nachdem im August 2006 Rechtsanwalt Saubert und zum 31. März 2008 Rechtsanwalt Grunow aus der Sozietät ausgeschieden waren, ist der Schweriner Standort heute wieder mit vier Berufsträgern besetzt. Seit Jahresbeginn 2008 haben sich die Herren Gaebell, Pelzer und Heine mit Rechtsanwältin Ivonne Jarschke verstärkt, die vornehmlich Mandate auf dem Gebiet des allgemeinen Zivilrechts bearbeitet.

Aus kleinen Anfängen hat sich eine leistungsfähige Niederlassung entwickelt, die ihre Stärke in der regionalen Verwurzelung und dem breiten Spektrum anwaltlicher Tätigkeit mit einer Reihe von Spezialisierungen hat. Gerade diese Stärke übt auch – besonders für Mandanten aus dem Bundesland Mecklenburg-Vorpommern – immer wieder eine große Anziehungskraft aus.

Wenn nicht alles täuscht, werden auch in Zukunft engagierte Anwälte das Kanzleischiff Dr. Eick & Partner erfolgreich durch die gerade im anwaltlichen Dienstleistungssektor immer rauer werdende See steuern.

Jörn Gaebell

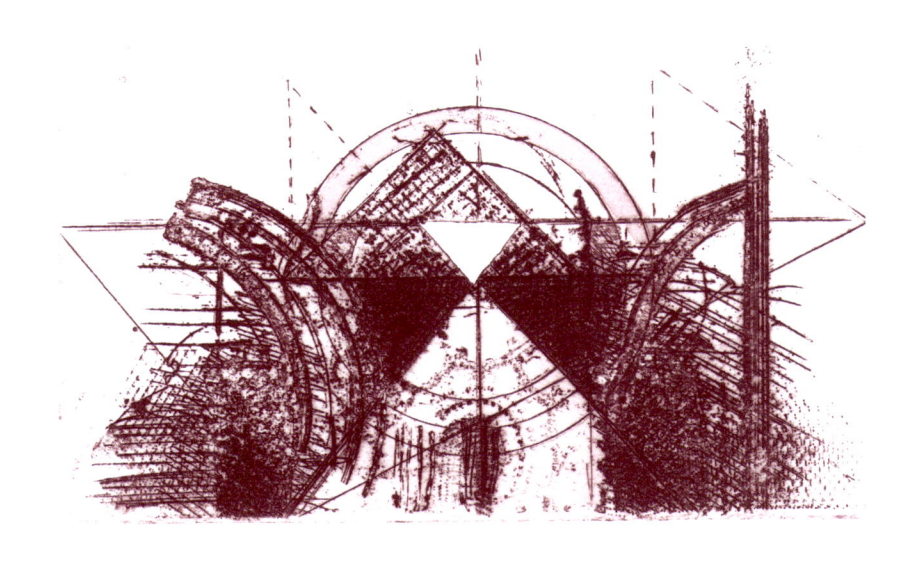

Standort München

Herzog-Wilhelm-Str. 26, 80331 München

Nachdem Bochum als erste Neugründung der „Sozietät Dr. Eick & Partner" im Westen erfolgreich aufgebaut war, sollte ein weiterer Standort im Süden Deutschlands das Angebot der bundesweiten Vertretung der Versicherungsunternehmen verbessern. Es fügte sich daher in diese Planungen oder – zu diesem Zeitpunkt besser Wünsche –, dass Rechtsanwältin Dr. Marion Rath, die in einer Münchner Kanzlei tätig war, bei mir in Bochum anrief, um die Möglichkeiten einer Zusammenarbeit zu erörtern. Die anfänglichen Überlegungen einer Eingliederung in die Bochumer Kanzlei wichen schnell der Erkenntnis, dass es zur Abrundung unseres Tätigkeitsgebietes das beste war, Dr. Rath in München anzusiedeln, zumal auch wir gute Kontakte zu den dort ansässigen Versicherungsunternehmen hatten und haben.

Die Arbeitsgebiete unserer Kanzlei und von Rechtsanwältin Dr. Rath fügten sich nahtlos ineinander. Sie ist nicht nur Spezialistin für medizinrechtliche Fragen, sondern seit Jahren auch im Bereich des Haftungsrechts, vornehmlich des Personengroßschadens, tätig. Da dies

Rechtsanwältin Dr. Marion Rath eröffnete im Juli 2007 die Kanzlei München.

alles zusammen passte, waren wir uns schnell einig, in München einen neuen Standort aufzubauen.

Nicht ganz so problemlos gestaltete sich die Suche nach geeigneten Kanzleiräumen. Die ursprüngliche Idee, eine Etage in dem Praxisgebäude einer größeren Münchner Kanzlei anzumieten, scheiterte, weil dort die unbegründete Sorge bestand, dass sich bei den Tätigkeitsgebieten Überschneidungen ergeben würden. Dies war schade, weil hier die Möglichkeiten weiterer Synergieeffekte nicht genutzt werden konnten. So gingen kostbare Monate verloren, bis der Beginn des Standortes München schließlich über die Privatwohnung von Dr. Marion Rath mit dem Back-office in Bochum erfolgte. Doch dann fanden wir am 1. Juli 2007 schöne, zentral gelegene Büroräume. Der Umstand, dass gleich nebenan eine Hotel-Großbaustelle war, erinnerte uns daran, dass die gleiche Situation in Bochum mit dem Neubau der Stadtwerke bestanden hatte.

Anfang des Jahres 2008 stieß Assessor Dieter Bliesener zu unserem Münchner Team. Er war lange Jahre im Bereich des Personengroßschadens tätig und kümmert sich im Wesentlichen um die gesetzlichen Neuregelungen in diesem Fachgebiet. Mit dem 1. Juli 2008 wurde das Team durch eine neue Kollegin, Rechtsanwältin Christiane Klein, verstärkt.

Dr. Rainer Heß

Publikationen

Seit Langem pflegen die Mitglieder der „Sozietät Dr. Eick & Partner GbR" die Verbindung mit der Rechtswissenschaft durch Veröffentlichung von Lehr- und Handbüchern sowie Aufsätzen in Fachzeitschriften. Immer hatten die Sozien den durch die Sozietät zur Verfügung gestellten Freiraum, über den einzelnen zu bearbeitenden Rechtsfall hinaus die Grundlinien des Rechts in den verschiedenen Fachgebieten darzustellen. Manche freie Stunde wurde geopfert. Das Team unterstützte den Autor oder die Autorin bei der oft mühevollen wissenschaftlichen Arbeit. Nie lassen die Werke den Bezug zur Praxis vermissen. Theorie und Praxis gehen eine fruchtbare Symbiose ein.

Aus den einzelnen Fachgebieten des Versicherungsrechts, Verwaltungsrechts, Medizinrechts, Verkehrsrechts und des Zivilprozessrechts dürfen wir die veröffentlichten Bücher vorstellen. Eine Übersicht über Beiträge in juristischen und medizinischen Fachzeitschriften findet der Leser auf der Homepage der Sozietät (www.dr-eick.de).

Versicherungsrecht

Bergmann: *Die Arzthaftpflichtversicherung* in: *Handbuch des Versicherungsrechts*, 3. Auflage 2007, Deutscher Anwaltverlag, Bonn

Heß in Beckmann/Matusche-Beckmann (Hrsg): *Versicherungsrechtshandbuch*, Kapitel: *§ 16 Herbeiführung des Versicherungsfalles, § 29 Kraftfahrtversicherung* (gemeinsam mit Höke), *§ 30 Kraftfahrzeugversicherung, Autoschutzbriefversicherung, Kraftfahrt-Unfallversicherung* (gemeinsam mit Höke), 2004 (2. Auflage in Vorbereitung), Beck-Verlag, München

Burmann/Knöpper: *Kaskoversicherung* und *Einbruch-Diebstahlversicherung* in: Münchener Anwaltshandbuch Versicherungsrecht, 2. Auflage 2008, Beck-Verlag, München

Knöpper: *Versicherungsrecht für den Fachanwalt im Verkehrsrecht*, 2008, BWV Berliner Wissenschaftsverlag

Verwaltungsrecht

Bergmann/Schumacher: *Die Kommunalhaftung*, 4. Auflage 2007, Heymanns-Verlag, Köln,

Bergmann/Schumacher: *Handbuch der Kommunalen Vertragsgestaltung*, 4 Bände 1998 ff., Heymanns-Verlag, Köln,

Schlempp/Seeger/Human: *Gemeindeordnung für den Freistaat Sachsen (SächsGemO)*, Kommentar, Kommunal- und Schul-Verlag, Wiesbaden

Pfeiffer: *Haftung für Pflichtverletzungen der Kommunalaufsichtsbehörde*, 2006, Shaker Verlag, Aachen

Medizinrecht

Bergmann/Kienzle/Alberts/Karthaus: *Krankenhaushaftung – Organisation, Schadensverhütung und Versicherung,* 2. Auflage 2003, Deutsche Krankenhaus-Verlagsgesellschaft mbH, Düsseldorf

Bergmann: *Die Arzthaftung,* 2. Auflage 2003, Springer-Verlag, Berlin

Müller/Bergmann: *Risk-Management in Orthopädie und Chirurgie,* 2000, Thieme-Verlag, Stuttgart

Bergmann/Alberts/Karthaus: *DRG's und Recht* in: Roeder/Rochell, *Case-Mix in der Praxis, Handbuch für die DRG-Umsetzung,* 2003 ff., Deutscher Ärzteverlag, Köln,

Stegers/Hansis/Alberts/Scheuch: *Der Sachverständigenbeweis im Arzthaftungsrecht,* 2. Auflage 2008, C. F. Müller-Verlag, Heidelberg

Wever: *Fahrlässigkeit und Vertrauen im Rahmen der arbeitsteiligen Medizin,* 2005, Verlag Dr. Kovač, Hamburg

Verkehrsrecht

Burmann/Heß/Höke/Stahl: *Das neue VVG im Straßenverkehrsrecht,* 2008, Verlag Franz Vahlen, München

Jagow/Burmann/Heß: *Straßenverkehrsrecht.* 20. Auflage 2008, Beck-Verlag, München

Berz/Burmann/Heß. *Handbuch des Straßenverkehrsrechts,* Stand: 21. Ergänzungslieferung Mai 2008; Beck-Verlag, München

Heß/Jahnke: *Das neue Schadensrecht,* 2002; Verlag Franz Vahlen, München

Burmann. *Reform des Strafverfahrens – Opferschutz,* 1987, Beck-Verlag, München,

Burmann/Priester: *Unfallrekonstruktion im Verkehrsprozess,* 2007, Deutscher Anwaltverlag, Bonn

Tietgens/Nugel: *Anwaltformulare Verkehrszivilrecht, Schriftsätze und Erläuterungen,* 4. Auflage 2008, Deutscher Anwaltverlag, Bonn

Zivilprozessrecht

Mennemeyer/Menken in Vorwerk (Hrsg): *Das Prozessformularbuch,* 8. Auflage 2005, Verlag Dr. Otto Schmidt, Köln

Heß in Walz (Hrsg): *Formularbuch außergerichtlicher Streitbeilegung,* Kapitel: § 29 *Vergleichsverhandlungen im Delikt- und Straßenverkehrsrecht,* (gemeinsam mit Höke), 2006, Verlag Dr. Otto Schmidt, Köln

Schulte-Körne: *Zweiseitige Treuhandbindungen des Rechtsanwaltes,* 2000

Quaisser: *Mietrecht im 19. Jahrhundert,* 2005, Peter-Lang-Verlag, Frankfurt am Main